Les choses sans bornes de la nature m'attirent

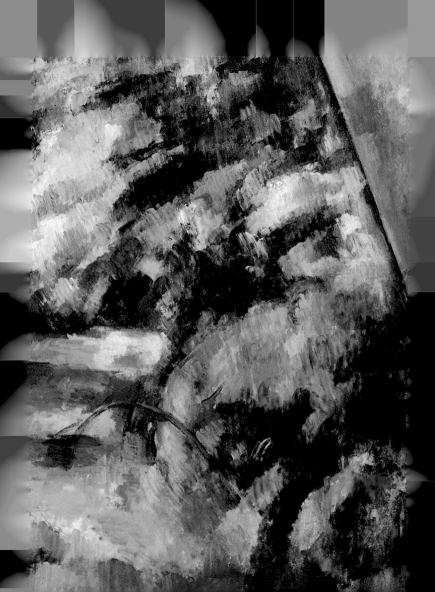

«Du rapport exact des tons résulte le modelé. Quand ils sont harmonieusement juxtaposés et qu'ils y sont tous, le tableau se modèle tout seul.»

Cezanne

Michel Hoog est conservateur en chef du musée de l'Orangerie. Il a organisé plusieurs expositions, parmi lesquelles «Robert Delaunay» (musée de l'Orangerie à Paris, 1976); «Réalisme et poésie dans la peinture russe du XIXe siècle» (Grand Palais à Paris, 1978); «Fantin-Latour»(Grand Palais à Paris, Galerie nationale du Canada à Ottawa, California Palace of the Legion of Honor à San Francisco, 1982-1983); «Le Douanier Rousseau» (Grand Palais à Paris; Museum of Modern Art à New York, 1984). Parmi ses publications : *Peinture moderne* (Hachette 1969); *Robert Delaunay* (Flammarion 1976); l'édition des *Textes* de Michel Larianov (l'Age d'homme 1978); *Claude Monet, les Nymphéas* Musées nationaux 1984 – qui reçut le prix Bernier de l'Institut; *Gauguin, vie et œuvre* (Fernand Nathan 1987). La plupart de ces titres ont été traduits en plusieurs langues. Michel Hoog est professeur à l'Ecole du Louvre depuis 1971.

*Dépôt légal : avril 1989
Numéro d'édition : 46123
ISBN 2-07-053059-0
Imprimerie
Kapp-Lahure-Jombart
à Évreux*

CÉZANNE
«PUISSANT ET SOLITAIRE»

Michel Hoog

DÉCOUVERTES GALLIMARD
RÉUNION DES MUSÉES NATIONAUX
PEINTURE

« Cézanne le banquier ne voit pas
sans frémir
Derrière son comptoir naître un peintre
à venir. »

C'est ainsi qu'un brillant collégien
d'Aix-en-Provence, poète à ses heures,
affirme sa volonté de devenir peintre
malgré son père.

CHAPITRE PREMIER
LES ANNÉES DE JEUNESSE

Travaillant d'après une photographie (c'est alors une nouveauté), Cézanne s'est donné ici, comme à plaisir, une physionomie peu avenante. Le teint jaune, les yeux exorbités, les sourcils froncés le font ressembler au visage conventionnel de Méphisto. Les autoportraits plus tardifs ne seront jamais souriants, mais ils n'auront pas ce caractère dramatique.

L'enfance et la jeunesse de Cézanne se déroulent, calmes et studieuses, à Aix-en-Provence et dans ses environs

Paul Cézanne, né en 1839, a deux sœurs, Marie et Rose. Son père, Louis-Auguste, né en 1798, enrichi dans la chapellerie, fonde une banque, la seule d'Aix-en-Provence. Son autorité se révélera pesante quand s'affirmera la vocation artistique de Paul, mais il ne paraît pas avoir été d'une sévérité excessive avec ses enfants. Sa mère, une femme intelligente et vive, dont on sait peu de choses, semble avoir encouragé l'artiste et l'avoir appuyé lors des démêlés entre père et fils.

Le jeune Paul apprend à lire à l'école primaire du quartier, puis passe deux ans à l'école Saint-Joseph. Il entre en sixième comme pensionnaire au collège Bourbon. Il y fait toutes ses études et obtient son baccalauréat, avec mention «assez bien», en 1858. Cézanne sort du lycée avec une excellente connaissance du latin, du grec, et des littératures anciennes et française. Il versifie en latin et en français avec beaucoup de facilité et l'on conserve plusieurs de ses poésies ou fragments de drames, en général d'un ton emphatique et parfois un peu leste.

Toute sa vie, Cézanne restera imprégné par cette formation classique. Cet homme qui, en peinture, va rejeter toute tradition, est en littérature un humaniste, ayant le goût de la lecture, ouvert aux nouveautés, aimant Baudelaire.

En 1852, Paul Cézanne vient au secours d'Emile Zola, malmené par ses camarades. C'est le début d'une amitié de quarante ans

Chétif, orphelin de père, gêné par une forte myopie, le jeune Zola, élève de huitième, est souvent en butte aux persécutions de ses condisciples jusqu'à ce que Paul Cézanne, un «grand» de deux classes

Ce portrait de Marie Cézanne, sœur de l'artiste (vers 1865), est l'un des rares portraits féminins de la jeunesse de Cézanne. Il est traité dans une pâte épaisse, posée au couteau à palette. Cézanne aime cette technique rapide et un peu brutale, dont l'emploi était contraire à la doctrine académique et à l'opposé de la peinture lisse et léchée, pratiquée par les élèves d'Ingres et enseignée à Aix.

Il existe une dizaine de portraits de l'oncle Dominique Aubert, le frère de la mère de l'artiste, qui se montra pour son neveu un modèle docile et complaisant. Sur la plus grande partie de la toile, la couleur est posée avec le couteau à palette, parfois même directement avec les doigts.

au-dessus, ne le défende. Le lendemain de cette intervention, Emile Zola apporte en remerciement des pommes à son protecteur. Entre ces enfants, promis tous deux à la célébrité, se tissent des liens qui dureront jusqu'en 1886.

Un troisième collégien, Baptistin Baille, futur polytechnicien, forme avec Cézanne et Zola un trio d'inséparables. Ils passent leurs jours de congé à des promenades dans la campagne aixoise et, à la belle saison, à des baignades dans l'Arc. Dans une lettre de février 1861, écrite à Cézanne depuis Paris, Zola évoque ces promenades avec une grande nostalgie. «Hélas, non, je ne cours plus la campagne, je ne vais plus m'égarer dans les rochers du Tholonet et surtout je ne gagne plus, la bouteille au carnier, la campagne de Baille, cette mémorable bastide de vineuse mémoire.»

B on élève ayant obtenu de nombreux prix, Cézanne ne se plaint pas de ses années de collège, auxquelles il doit une solide culture classique. Ci-dessus, le collège Bourbon, devenu le lycée Mignet. La ville d'Aix et la campagne aixoise ont formé le cadre unique de l'enfance et de la jeunesse de Cézanne. Sur la photographie, le clocher de Saint-Jean-de-Malte indique l'emplacement de l'école municipale de dessin, accolée à l'église. Quant aux environs de la ville, ils ont constitué très tôt le terrain de nombreuses promenades avant de fournir à l'artiste le motif de ses tableaux.

Un citadin amoureux du plein air et de la musique

Cézanne préfère les secteurs les plus sauvages des environs d'Aix. Dans le questionnaire rempli quelques années plus tard, quand on lui demande son odeur favorite, il répond «l'odeur des champs» et son délassement le plus agréable, «la natation». Par deux fois, dans des lettres à Emile Zola, il évoque le même site : «Te souviens-tu du pin qui, sur le bord de l'Arc planté, avançait sa tête chevelue sur le gouffre qui s'étendait à ses pieds? Ce pin qui protégeait nos corps par son feuillage de l'ardeur du

soleil, ah! puissent les dieux le préserver de
l'atteinte funeste de la hache du bûcheron!»

Cézanne témoigne de l'attachement pour sa
petite patrie, et un penchant, plus rare à son époque
où le rousseauisme n'est plus à la mode, pour la
nature, les plantes, la baignade en rivière. Il
se différencie en cela de ses futurs
camarades impressionnistes. Ceux-ci
demeurent des citadins, Parisiens
d'adoption, pour qui, pendant
longtemps, la nature s'identifie
aux jardins publics et aux vergers
d'Ile-de-France.

Cézanne et ses amis se distraient aussi en jouant
de la musique. Dans la fanfare des «Gais Lurons»,
fondée par le jeune Emile Zola, le futur peintre
tient le cornet à piston, tandis que celui qui devait
écrire *les Rougon-Macquart* joue plus modestement
de la clarinette. Quand Cézanne vint s'installer à
Paris, il emporta son instrument avec lui. Zola,
comme la plupart des écrivains de son temps,
manifeste par la suite peu de goût pour la musique,

Non, sur le flot
mobile
Aussi gaiement je file
Que jadis autrefois,

Quand nos bras agiles
Comme des reptiles
Sur les flots dociles
Nageaient à la fois.

Adieu, belles journées
Du vin assaisonnées!
Pêches fortunées
De poissons
monstrueux!

Lettre à Emile Zola,
9 avril 1858

tandis que Cézanne – comme Manet, Renoir, Fantin-Latour ou Gauguin – est un mélomane convaincu. Il se déclare admirateur de Wagner, à une date où celui-ci est encore mal admis en France. A la fin de sa vie, il cessera même d'assister à l'office des vêpres, parce que le vicaire de la cathédrale joue trop mal de l'orgue.

Fils d'un émigré italien, Louis-Auguste Cézanne fonde en 1848 la banque Cézanne et Cabassol qui allait assurer sa fortune et le bien-être de sa famille.

Obéissant à son père, le jeune homme s'inscrit, sans passion, à la faculté de droit. Mais il est attiré par une autre voie

Louis-Auguste Cézanne est un autodidacte. Par son travail et son intelligence, il a acquis une large aisance. Il souhaite que son fils, après des études secondaires brillantes, s'oriente vers le droit, pour lui succéder à la tête de la banque qu'il a fondée, ou bien (qui sait?) qu'il devienne notaire ou magistrat. Quelle promotion pour Louis-Auguste, méprisé par l'aristocratie aixoise – il doit à la chapellerie et, dit-on, à l'usure sa fortune –, de voir son fils siéger à la cour d'appel d'Aix-en-Provence!

Le jeune Paul semble accepter de suivre, dans un premier temps du moins, ce processus classique de promotion sociale au XIXe siècle. Mais ni le droit ni la banque ne l'intéressent et il s'oriente peu à peu vers la profession la plus décriée par la mentalité bourgeoise : celle d'artiste.

Dès 1857, avant d'avoir terminé ses études secondaires, Cézanne s'est inscrit à l'école municipale de dessin d'Aix

Il a comme professeur Joseph-Marc Gibert, qui cumule, selon un usage fréquent au XIXe siècle, la direction de l'école de dessin et le poste de conservateur du musée. L'enseignement qu'il donne, complétant celui des cours de dessin du collège, est certainement sans grande originalité. Gibert communique à Cézanne un certain savoir-faire, à travers les méthodes alors en usage, notamment la copie de moulages d'antiques et l'étude du modèle vivant. Le peintre gardera de bonnes relations avec Gibert, et manifestera à son égard une attitude déférente, alors que

«Je saurai bien me faire une idée des dangers que court la peinture, en voyant vos attentats», dira Gibert, le vieux maître d'Aix, à la vue des toiles de Cézanne à la première exposition impressionniste.

l'autoritarisme et l'art retardataire de Gibert auraient justifié une certaine hostilité de sa part. Faut-il expliquer cette attitude par le respect que Cézanne a toujours témoigné envers ceux qui incarnent une certaine forme d'autorité? Ou bien lui était-il reconnaissant pour les rudiments qu'il lui avait enseignés?

En 1859 et 1860, Cézanne poursuit parallèlement ses études juridiques et un véritable apprentissage professionnel du métier de peintre à l'école municipale. Il obtient un second prix pour un tableau de figures et son père l'autorise à poursuivre dans cette voie. Le jeune étudiant échappe au service militaire de sept ans grâce à l'achat d'un «remplaçant», selon un système qui se pratiquait couramment à l'époque.

Le premier travail connu du jeune Cézanne est la décoration du Jas de Bouffan, propriété acquise en 1859 par son père

En devenant propriétaire de cette grande maison du XVIIᵉ siècle située dans un beau parc à deux kilomètres du centre d'Aix, Louis-Auguste Cézanne cherche la consécration de son ascension sociale en s'alignant sur les usages des grandes familles aixoises. Le jeune homme va aimer cette demeure, y séjourner et y travailler fréquemment. Le bâtiment assez massif et les arbres du parc se reconnaissent dans un grand nombre de tableaux et d'aquarelles.

La décoration du salon du Jas de Bouffan est entreprise peu après l'achat de la maison et certainement avec le consentement du père. Elle comprend une allégorie des quatre saisons à laquelle Cézanne ajoute ensuite plusieurs autres sujets, dont un portrait de son père. Les panneaux des *Quatre Saisons* contribuent sans doute à décider Louis-

Décollés de la muraille et acquis par Ambroise Vollard, les quatre panneaux des *Saisons* ont été offerts par le marchand au musée du Petit Palais à Paris. Ce sont des figures féminines dans le goût des papiers peints ou des paravents romantiques. Le *Printemps* et l'*Automne* (à droite) offrent des silhouettes plus élégantes, plus élancées, avec une allure qui fait songer à Botticelli. Ces œuvres d'un débutant ne sont pas sans ambition. Le dessin sec, les contours nets, les bras démesurés viennent expliquer la signature «Ingres», posée par dérision par Cézanne. Ingres était alors la référence obligée de tout enseignement académique.

Auguste à laisser son fils «monter à Paris», autorisation donnée une première fois en 1860, puis vite révoquée, et accordée enfin en 1861.

Monter à Paris est, au XIXᵉ siècle, le rêve de tout jeune homme ambitieux

La centralisation du pouvoir administratif, le regroupement à Paris des grandes écoles et des grandes institutions culturelles expliquent cette aspiration. A cela s'ajoute le rejet du conformisme moral de la vie provinciale, contrastant avec la réputation de vie facile et de mœurs libres prêtée à la bohème parisienne.

Le phénomène est particulièrement net dans le domaine où le jeune Cézanne rêve de pénétrer, celui de la création artistique. Les écoles provinciales sont alors, sauf l'école lyonnaise, sans éclat, voire moribondes, tandis que les grandes luttes artistiques depuis le romantisme et le réalisme se jouent à Paris. Les Salons, et les polémiques qu'ils soulèvent chaque année, les grandes commandes de l'Etat, les constructions du Second Empire, l'exposition particulière de Courbet en 1855, de tout cela, l'écho parvient largement en province. C'est à Paris, et à Paris seulement, qu'un jeune artiste peut se former et percer. Paris n'est-il pas la capitale des arts, attirant aussi les artistes étrangers?

«Risquer le tout pour le tout, ne pas flotter vaguement entre deux avenirs si différents, l'atelier et le barreau»

Cézanne, qui se sent décidément une vocation artistique, rêve lui aussi de partir pour Paris. A ses ambitions de peintre s'ajoute la volonté de s'affranchir des contraintes familiales.

Zola, son cadet, à Paris depuis 1858, lui écrit régulièrement et l'encourage à suivre sa véritable voie : «La peinture n'est-elle pour toi qu'un caprice

Cette réunion de personnages autour d'une table annonce pour la première fois *les Joueurs de cartes*. Elle est le thème d'une lettre à Emile Zola (à droite) écrite le 17 janvier 1859 et intitulée «La mort règne en ces lieux».

qui t'est venu prendre par les cheveux un beau jour que tu t'ennuyais? N'est-ce qu'un passe-temps, un sujet de conversation, un prétexte de ne pas travailler au droit? Alors, s'il en est ainsi, je comprends ta conduite : tu fais bien de ne pas pousser les choses à l'extrême et de ne pas te créer de nouveaux soucis de famille. Mais, si la peinture est ta vocation, – et c'est ainsi que je l'ai toujours envisagée – si tu te sens capable de bien faire après avoir bien travaillé, alors tu deviens pour moi une énigme, un sphinx, un je ne sais pas quoi d'impossible et de ténébreux.» Zola revient l'été à Aix et, sans doute, ses exhortations ne sont-elles pas étrangères à la décision de Cézanne de rejoindre la capitale.

«Je travaille avec calme, me nourris et dors de même»

En 1862, Cézanne s'installe à Paris, où il mène une vie simple et studieuse. Il travaille beaucoup à l'académie Suisse ou chez lui et fréquente les musées. Il assiste avec intérêt au Salon annuel. A partir de 1863, il va copier au Louvre dont il est un visiteur attentif; il va aussi au musée du Luxembourg, réservé aux artistes vivants, et découvre les œuvres de celui qui va devenir l'une de ses grandes admirations : Eugène Delacroix. *Les Massacres de Scio* et *la Barque de Dante* y voisinent avec les productions des disciples d'Ingres. Nul doute qu'il soit allé faire ses dévotions à la chapelle des Saints-Anges à Saint-Sulpice et qu'il ait peut-être tenté de voir les décorations de la Chambre des

Pour les peintres de cette génération, Delacroix, qui meurt en 1863, a été le Grand Homme. Mais, si Degas, Gauguin et Renoir ont réussi à concilier leur admiration pour le peintre des *Massacres de Scio* avec celle qu'ils portaient à son vieux rival Ingres, Cézanne a plusieurs fois manifesté son peu de goût pour Ingres et ses disciples. Ci-dessous, le portrait de Delacroix exécuté par Cézanne.

Mon cher ami,

Je t'autorise à prendre ma clef chez le concierge.

Paul Cézanne

Cette belle tête de vieillard, plus sensible et plus fouillée que les portraits de l'oncle Dominique, a été peinte sur une autre composition. On devine en bas à droite, dans le sens de la largeur, une sorte de procession, que Cézanne a recouverte. Ci-dessous, une aquarelle de *Médée* d'après Delacroix et un dessin dans l'esprit de Daumier.

députés. Il peint en plein air, quelquefois à Paris, plus souvent quand il s'installe pour quelque temps dans ses environs.

Il fréquente moins les cafés que ses camarades de travail et préfère la compagnie de ses amis aixois, Zola, Coste, Valabrègue, Emperaire. Ce n'est cependant pas un sauvage, il sait se montrer bon compagnon et partager la vie commune dans des auberges de campagne, par exemple à Bennecourt, près de Mantes, en 1866. Plusieurs fois aussi, il s'invite pour quelques jours chez Zola à Médan.

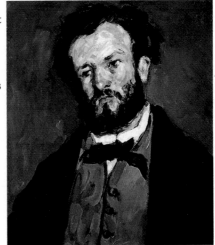

Cézanne a la chance de ne pas connaître la misère et les lancinants besoins d'argent des autres artistes

Il vit grâce à la pension que lui verse son père et que sa mère complète sans doute discrètement. «Ma bonne famille, excellente d'ailleurs, pour un malheureux peintre qui n'a jamais rien su faire, est peut-être un peu avare. C'est un léger travers, bien excusable, sans doute, en province.» Il a des goûts simples dont il ne se départira pas quand il entrera en possession de la fortune de son père. Louis-Auguste espère que son fils se découragera ou bien réussira à suivre la filière officielle : l'Ecole des beaux-arts, le Prix de Rome... Aucune des deux hypothèses ne se réalise. Paul persiste mais en peintre indépendant, essuyant un échec au concours d'entrée à l'Ecole et des refus répétés au Salon.

Quand il séjourne à Aix, il est assuré du gîte et du couvert au foyer familial. Indépendamment du besoin qu'il ressent de se retremper dans le milieu aixois, peut-être est-ce un motif supplémentaire à ses retours fréquents dans la région. Paul a sans doute souffert de cette situation de dépendance et du jugement défavorable porté sur ses travaux mais son attitude envers son père allie la déférence et une volonté de préserver sa vocation.

Antony Valabrègue, poète et critique d'art, fait partie du petit groupe d'Aixois qui se retrouvaient volontiers dans les cafés parisiens autour de Cézanne et de Zola. Au café Guerbois, symbole de l'esprit parisien, Cézanne, le provincial bourru, se sent mal à l'aise; il reste silencieux et réagit avec violence quand une opinion le heurte. Un soir même, il provoque Manet d'un: «Je ne vous donne pas la main, M. Manet, je ne me suis pas lavé depuis huit jours.»

«Je ne puis accepter le jugement illégitime de confrères auxquels je n'ai pas donné moi-même mission de m'apprécier»

Cézanne se heurte pour la première fois au jury du Salon quand, en 1863, il envoie un tableau qui est refusé. C'est l'année où le jury s'est montré d'une telle sévérité que, devant la vague de protestations, Napoléon III a décidé l'ouverture d'un Salon des Refusés. Cézanne s'y retrouve en compagnie de ses amis Pissarro et Guillaumin, mais aussi de Fantin-Latour, de Whistler et surtout de Manet, qui, avec *le Déjeuner sur l'herbe*, provoque un beau scandale.

L'expérience d'un Salon des Refusés n'est pas renouvelée les années suivantes, malgré une fière lettre de Cézanne écrite en 1866 au comte de Nieuwerkerke, surintendant des Beaux-Arts, dans laquelle il exprime son mépris pour le jury du Salon et la légitimité pour un artiste de montrer ses œuvres au public : «Je désire en appeler au public et être exposé quand même. Mon vœu ne me paraît avoir rien d'exorbitant et si vous interrogiez tous les peintres qui se trouvent dans ma position, ils vous répondraient tous qu'ils renient le jury et qu'ils veulent participer d'une façon ou d'une autre à une exposition qui doit être forcément ouverte à tout travailleur sérieux.»

Un peintre refusé au Salon n'a guère de chance de «percer». En 1863, les «refusés» sont regroupés dans une aile. Cette manifestation est tournée en dérision comme en témoigne cette caricature parue dans un journal de l'époque : «Mon fils! Otez votre casquette! Honneur au courage malheureux!»

Le *Déjeuner sur l'herbe* de Manet, qui reprend le thème du *Concert champêtre* du Louvre (alors attribué à Giorgione), une femme nue dans un paysage accompagnée d'hommes en costumes de ville, fut jugé immoral.

<u>Dès ses premières œuvres, le jeune peintre aborde tous les genres, et sa production d'avant 1870 est assez difficile à classer</u>

Lui-même a détruit beaucoup de tableaux, très peu sont datés, et les nombreux historiens qui ont étudié ceux qui subsistent ne sont d'accord ni sur la chronologie, ni sur l'interprétation des scènes représentées. Le style n'est pas homogène : à côté de réussites qui témoignent d'un métier tout à fait maîtrisé, d'autres tableaux donnent une impression de maladresse provoquante, due à un manque de métier, à la hâte dans l'exécution ou à une volonté délibérée qui tient de la caricature. Cézanne se plaint d'ailleurs lui-même de son manque d'habileté et de sa difficulté à «réaliser».

Chez Cézanne, la technique «suit» le sujet. Dans les scènes violentes (ci-dessus, le *Meurtre*) et les portraits un peu caricaturés du début, la facture est rapide, les épais coups de pinceau bien visibles, l'usage du couteau à palette, fréquent; les natures mortes paisibles sont traitées dans une pâte plus lisse et plus sage.

Paul Alexis (1847-1901), lui aussi originaire d'Aix-en-Provence, fut le disciple, et un moment le secrétaire, de Zola. Il participa aux *Soirées de Médan* (1880), recueil collectif de nouvelles de l'école naturaliste. C'est un rôle de lecteur que Cézanne, ici, lui a donné. La composition rappelle les doubles portraits de Manet. Le tableau a été laissé inachevé, ce qui est très rare chez Cézanne, qui préférait détruire les œuvres dont il n'était pas satisfait. Ainsi le personnage de Zola, à peine esquissé, crée par sa tache blanche un contraste très vif avec le reste de la toile. Alexis, représenté assis et de profil, fait songer au célèbre portrait de Zola par Manet (ci-dessous), sans doute de peu antérieur (1867). Le tableau fut retrouvé dans le grenier de Zola plusieurs années après sa mort.

Les thèmes sont très variés. Dès avant 1870, Cézanne peint des natures mortes composées d'objets familiers, des portraits (presque exclusivement masculins), des paysages, des figures allégoriques et, tranchant sur ces thèmes traditionnels, quelques scènes violentes ou macabres comme *l'Autopsie*, *l'Enlèvement*, *l'Orgie*, *l'Après-midi à Naples* ou *la Tentation de saint Antoine*. Il s'attaque à tous les genres, alors que la plupart des peintres, et pas seulement ses contemporains, en privilégient en général un, parfois deux.

Le peintre a représenté deux fois son père lisant le journal

Louis-Auguste Cézanne a-t-il réellement posé, ou son fils a-t-il profité d'un moment de quasi-immobilité? Le plus ancien des deux portraits se trouvait en bonne place, dans le salon du Jas de Bouffan, entre les allégories de *l'Eté* et de *l'Hiver*.

Postérieur de trois ou quatre ans, l'autre tableau de son père montre la maîtrise acquise par Cézanne à Paris. Cette fois, les volumes sont habilement disposés dans l'espace. Les ombres et les lumières sont modulées avec soin, spécialement sur le visage et sur le fauteuil (qui reparaît dans d'autres œuvres). Le travail de Cézanne est ici proche de celui de Monet et de Renoir, à un moment qui constitue le prélude de l'Impressionnisme.

L'originalité de Cézanne est dans la facture – le tableau a été

Cézanne a mis une certaine complaisance à faire connaître le titre du journal que lit son père. Ce n'était pas son quotidien habituel, mais *l'Evénement*, qui avait publié, en avril et mai 1866, des comptes rendus très violents du Salon (un «amas de médiocrités»). Parus sous un pseudonyme mais rédigés par Zola, ils provoquent un scandale; Villemessant, le directeur du journal, suspend la publication de la série d'articles et congédie Zola.

Derrière le fauteuil est accrochée une des natures mortes du jeune peintre : *Sucrier, poires et tasse bleue* (ci-contre), qu'il a reproduite en la modifiant légèrement. Son art était donc admis dans la maison familiale. Mais faut-il donner une signification symbolique à l'attitude de Louis-Auguste, tournant le dos à une œuvre de son fils?

exécuté en grande partie au couteau à palette –, et dans la force du contraste entre les blancs purs, les gris et les noirs. Ce contraste, Cézanne en joue aussi dans ses natures mortes.

Le portrait le plus monumental de cette époque est, avec celui de son père, l'étrange effigie d'Achille Emperaire. Celui-ci est un peintre aixois avec lequel Cézanne a travaillé à l'académie Suisse, et auquel il restera assez attaché. L'homme possède, sur un corps nain et difforme, «une tête de cavalier magnifique, à la Van Dyck».

Cézanne a exécuté plusieurs dessins préparatoires en vue de ce tableau, exempts de tout esprit de caricature, tandis que la peinture à l'huile accentue le côté ridicule et pitoyable du personnage.

Ce tableau, acheté successivement par les peintres Schuffenecker, ami de Gauguin et Eugène Boch, modèle de Van Gogh, et que Cézanne vieillissant voulait détruire, a toujours retenu l'attention, ne serait-ce que par sa taille et par son caractère caricatural. Il a été peint peu avant 1870, puisque Cézanne tenta, cette année-là, de le faire admettre au Salon. Le peintre est alors à la recherche d'un style ou, comme il le dit lui-même, d'une «formule», recherche volontaire prenant appui, à ce moment, plus sur l'étude des styles du passé que sur l'analyse de ses sensations. La disposition frontale, les couleurs criardes, l'accent de caricature, l'inscription en caractères d'imprimerie mêlent l'archaïsme et la présentation d'une peinture d'enseignes. Le fauteuil dans lequel est assis Emperaire se retrouve dans le portrait du père et, vide, dans l'Ouverture de Tannhäuser.

Il entreprend, à la même époque, une nouvelle et vaste composition sur un mur du Jas de Bouffan, avec *le Christ aux limbes* et *la Madeleine*. Une ancienne photographie conserve le souvenir de l'état original de l'œuvre et il faut convenir que la partie gauche (*le Christ aux limbes*) se raccorde mal à la partie droite (*la Madeleine*). On suppose qu'il s'agit de deux motifs indépendants ou bien que la composition était destinée à se prolonger sur la droite et que *la Madeleine* devait faire partie d'une *Mise au tombeau* jamais peinte.

«Tous les tableaux faits à l'intérieur, dans l'atelier, ne vaudront jamais les choses faites en plein air»

C'est ainsi que Cézanne, dans une lettre à Zola écrite en 1866, s'explique sur le travail en plein air : «En représentant des scènes du dehors, les oppositions des figures sur les terrains sont étonnantes et le paysage est magnifique. Je vois des choses superbes et il faut que je me résolve à ne faire que des choses en plein air.»

Les paysages peints par Cézanne à cette époque n'annoncent nullement l'Impressionnisme; ils rappellent plutôt ceux de Courbet ou de l'école de Barbizon : couleurs sombres avec des noirs et des verts profonds, relief suggéré de façon un peu scolaire grâce à l'étagement de plans parallèles.

L a thématique de Cézanne, pourtant si variée, et qui reprend la plupart des sujets traditionnels, ne comprend aucune autre scène religieuse que cette *Madeleine* et ce *Christ aux limbes* (on ne peut guère compter comme telle *la Tentation de saint Antoine*). Le Christ est copié d'un tableau de Sebastiano Del Piombo du musée du Prado, et la Madeleine rappelle un tableau de Domenico Feti du Louvre. A l'origine, ces deux figures voisinaient sur un mur du Jas de Bouffan.

F ortuné Marion, un
ami aixois du
peintre, l'accompagne
dans la campagne où il
trouve son inspiration.
C'est un géologue qui
s'est mis lui aussi à la
peinture. *Marion et
Valabrègue partant
pour le motif* (ci-
contre), où les deux
amis sont peints dans
la tenue des peintres de
plein air, est le premier
manifeste de Cézanne
en faveur du «plein-
airisme».

O n distingue mal
dans ce *Paysage* si
les masses aux formes
lourdes sont des arbres
ou des rochers.
L'homme est absent;
c'est une nature
sauvage et rude que
l'artiste décrit avec la
même énergie que les
visages de ses modèles.

L'*Orgie* est une toile d'une dimension exceptionnelle. Cézanne a tenu à la faire figurer dans sa première exposition individuelle chez Ambroise Vollard en 1895 alors que son art avait pris une tout autre orientation.

Orgies, bacchanales, enlèvements, ces thèmes de nombreux tableaux de jeunesse révèlent un tempérament d'une forte sensualité

Pourtant, on ne sait pas grand chose de la vie sentimentale du jeune Cézanne; les lettres contiennent des allusions à des amours d'étudiants, restées peut-être platoniques. *L'Orgie*, une des toiles les plus élaborées de cette époque, groupe autour d'une table, qui donne l'impression d'être renversée, des personnages nus ou vêtus d'habits de fantaisie, enlacés dans la plus grande confusion. Cézanne, qui savait maîtriser la distribution des masses et des espaces sur la toile, a donc volontairement donné à sa composition cette impression d'agitation et de violence. La gamme colorée est très vive, choquante pour l'époque : ses verts clairs, ses rouges, ses jaunes et le grand ciel bleu contrastent avec la gamme tragique de noirs, de verts sombres et de bleus de Prusse des autres tableaux de cette époque, comme s'il avait voulu accorder la violence des couleurs à celle du sujet. A la même veine se rattachent quelques petits tableaux que les normes de l'époque auraient qualifiés, s'il avait pu les exposer, de pornographiques. Ces sujets érotiques disparaissent et sa peinture s'assagit vers 1870, au moment où il rencontre Hortense Fiquet.

❝Une des compositions les plus étonnantes de cette période fut exécutée rue de La Condamine, chez Zola à qui Cézanne en fit cadeau. Ce tableau, l'*Enlèvement*, est signé et daté de 1867; son format est considérable : sans atteindre les 4 à 5 m dont Cézanne avait rêvé, il mesure tout de même 0,90 m sur 1,17m. D'une plaine en vert sombre et hachée par des touches en virgule, qui lui donnent l'aspect d'une eau troublée, se détache le corps d'un géant nu, étrangement bronzé, qui porte dans ses bras une femme au teint pâle et aux cheveux bleu-noir. Une draperie d'un bleu foncé glisse des hanches de la femme nue. L'harmonie de sa peau blanche avec celle bronzée de l'homme, entourées de l'étoffe bleue et du vert de la plaine, est assez violente. Dans le fond, et devant un nuage blanc, s'élève une montagne, vague souvenir de Sainte-Victoire. A gauche, deux petits corps roses de jeune fille égayent la composition.**❞**

John Rewald,
Cézanne

Cézanne pratique aussi un genre considéré encore comme mineur : la nature morte

Après un brillant développement au XVIIIᵉ siècle, la représentation des «choses immobiles» a été négligée par le néo-classicisme et le romantisme. Goya, Géricault, Delacroix l'ont pratiquée de façon marginale et ce n'est que vers 1860, sans doute à cause d'un renouveau d'intérêt pour Chardin dont une exposition importante venait d'avoir lieu, que des personnalités fortes et d'esprit indépendant comme Courbet, Bonvin, Manet, Vollon ou Fantin-Latour y trouvent un des supports privilégiés de leurs recherches. Cézanne se rapproche de Manet par son jeu de noirs somptueux, de gris et de blancs, et par ses effets peu orthodoxes d'éclairage de face.

Quelques natures mortes, comme celle qu'il place derrière son père lisant le journal, sont peintes au couteau à palette. La touche maçonnée avec brutalité, le contraste accentué entre les clairs et les sombres, la simplicité de la mise en page, apparentent ce groupe d'œuvres à quelques portraits dans lesquels Cézanne extériorise sans contrainte la violence de son tempérament.

D'autres manifestent moins de hardiesse dans la facture et plus d'ambition dans l'agencement. Mais leur chronologie précise est trop incertaine pour

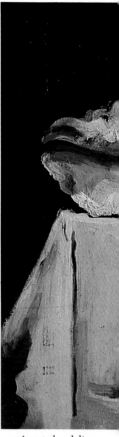

Crâne et chandelier C'est caractéristique des natures mortes du début, où le choix des objets est souvent archaïque, mais la facture et l'effet d'éclairage résolument modernes.

pouvoir affirmer qu'elles sont postérieures. La composition est parfois structurée par une sorte de quadrillage comme dans la *Nature morte à la pendule noire* où les plis de la serviette sont décrits avec soin. Dans d'autres cas, l'artiste ménage des vides entre les objets un peu à la manière de certaines natures mortes du XVIIe siècle.

Les fruits, auxquels se limitaient presque exclusivement les premières natures mortes, ne sont plus seuls. Cézanne introduit d'autres objets qui ne sont pas seulement choisis pour leur forme simple ou pour l'éclat de leur surface, mais dont la

L a pendule noire, représentée par Cézanne sans aiguilles, appartenait à Zola. La nappe tombe en quatre plis d'une rigoureuse immobilité qui évoque les façades rocheuses des carrières de la campagne aixoise.

signification ne peut pas lui échapper : pendule dépourvue d'aiguilles, coquillage, bougie presque entièrement consumée et surtout, à plusieurs reprises, des crânes, accessoires macabres, symbole explicite de la brièveté de la vie qui accentue la ressemblance avec les «vanités» du XVIIe siècle.

Cézanne montre qu'il sait créer des liens plastiques entre les personnages

Avec *l'Ouverture de Tannhäuser*, il réussit un type de composition que beaucoup de peintres, et non des moindres, ont eu du mal à maîtriser : la scène à deux personnages. Rares sont ceux qui, comme Renoir, ont su avec aisance exprimer les relations d'amour, d'amitié, de sympathie, voire de simple connivence passagère entre deux êtres. Manet (sauf exceptions), Degas et surtout Fantin-Latour n'aboutissent en général qu'à juxtaposer deux solitudes.

Cézanne, mélomane comme beaucoup de peintres et admirateur de Wagner, a peint trois versions différentes d'une scène d'intérieur représentant une jeune fille jouant du piano, qu'il intitule *l'Ouverture de Tannhäuser*. Il réalise ces toiles en 1866, bien après la cabale dont furent victimes les représentations de *Tannhäuser* à l'Opéra de Paris.

La composition de *l'Ouverture de Tannhäuser* est structurée de façon rigide par une série d'équerres (le fauteuil, les montants du canapé, la chaise, le bras de la pianiste, le piano lui-même). Tous les éléments du tableau sont parallèles ou perpendiculaires au plan de la toile. Une lumière douce et diffuse, des teintes assourdies, des reflets délicatement nuancés sur le fauteuil donnent à cette scène la qualité poétique d'un Vermeer ou d'un Chardin. Des touches de glacis font vibrer les blancs et les gris.

En 1869, Paul rencontre, à Paris, un modèle de dix-neuf ans qui va devenir – beaucoup plus tard – madame Cézanne

Le peintre vit avec Hortense Fiquet à l'insu de sa famille, ou au moins de son père. Les premiers tableaux où l'on peut reconnaître avec certitude son beau visage ovale ne sont pas antérieurs à 1871. Elle sera pour Cézanne le modèle le plus disponible et le plus patient.

Au printemps de 1870, l'envoi de Cézanne est une fois de plus refusé par le jury du Salon.

Le 31 mai, il est le témoin du mariage de Zola à Paris, puis part pour Aix.

Au moment où commence la guerre franco-prussienne qui entraîne la chute du Second Empire,

« Courbet, Manet, Monet et tous ceux d'entre vous qui peignez avec un couteau, un pinceau, une brosse ou tout autre instrument, vous êtes dépassés ! J'ai l'honneur de vous présenter votre maître : M. Cézannes (sic). » Cézanne est représenté ici par le caricaturiste Stock, avec ses deux tableaux refusés par le jury du Salon de 1870, le *Portrait d'Achille Emperaire* et un *Nu*, aujourd'hui perdu.

Rares pendant les premières années, les portraits féminins sont beaucoup plus nombreux à partir du moment où Cézanne rencontre Hortense Fiquet. A gauche, *Madame Cézanne au fauteuil rouge* (1877).

Cézanne ne se préoccupe guère de rejoindre l'armée. Il s'installe, avec Hortense Fiquet, toujours à l'insu de son père, dans une maison louée par sa mère à l'Estaque et qui lui servira plusieurs fois – de façon significative – de refuge. La gendarmerie le recherchera vainement à Aix. L'incivisme de Cézanne «déserteur» est difficile à interpréter. Tout habité par la passion de son art, il se montre d'une indifférence gênante envers autrui, et de toute sa vie, n'a jamais manifesté un quelconque intérêt pour les choses de la cité.

A une trentaine de kilomètres d'Aix, l'Estaque est alors un simple village au bord de la Méditerranée. Cézanne en a représenté souvent les aspects pittoresques avec ses collines tombant directement dans la mer.

Malheureusement, aucun des tableaux connus ne date avec certitude de ce premier séjour. L'observation prolongée de la mer a sûrement contribué à éclaircir la palette de Cézanne et à l'intéresser à l'étude des reflets; toutes préoccupations qu'il n'a guère jusque-là, alors qu'elles animent depuis plusieurs années déjà ses compagnons de travail, Pissarro, Monet ou Renoir. Cette mutation n'apparaît dans sa peinture que plus tard, en 1871-1872.

Ce paysage sans grâce des environs d'Aix, dans lequel la tranchée ouverte pour le passage du chemin de fer ouvre comme une blessure, est dominé par la montagne Sainte-Victoire. C'est la première représentation, et pendant longtemps la seule, que Cézanne ait donnée de cette montagne des environs d'Aix qui devait plus tard si souvent l'inspirer.

Après son séjour à l'Estaque, Cézanne revient à Paris. Pissarro est à Pontoise, réunissant autour de lui de jeunes peintres novateurs. Cézanne le rejoint en 1873, accompagné d'Hortense Fiquet et de leur fils Paul, né en janvier 1872. Entre Paris, Pontoise et Auvers-sur-Oise, une dizaine d'années de sérénité succèdent à la longue période d'anxiété et de recherche de sa jeunesse. Cézanne semble avoir trouvé sa voie.

CHAPITRE II
LA PÉRIODE IMPRESSIONNISTE

L'impressionnisme a un climat : celui de l'Ile-de-France et des côtes de la Manche. Les paysages de l'Oise ont contribué à l'évolution de Cézanne. Sa palette s'allège et les violents contrastes des noirs et des blancs font place aux couleurs claires. Ci-contre, *les Petites Maisons à Auvers* (vers 1873-1874).

Depuis plusieurs années déjà, Monet, Renoir, Sisley et leur ami Pissarro ont éclairci leur palette

Leurs paysages d'Ile-de-France et de Normandie se dégagent des modèles de la génération précédente. Ils s'intéressent de plus en plus aux effets de lumière sur la végétation, les corps, les nuages, l'eau. Ils découvrent que les ombres ne sont pas uniformément brunes ou noires et que la lumière change la couleur des objets. Parallèlement, ils abandonnent les sujets littéraires, historiques ou anecdotiques et adoptent une thématique moderne où dominent les scènes de plein air et, chez Monet, les paysages d'eau.

De telles recherches ne peuvent s'exprimer que par une technique appropriée. Ils l'inventent : couleur posée par petites touches fragmentées, enchevêtrement des couleurs différentes sur la toile même, suppression des bruns et des noirs, exécution rapide, presque toujours sur le motif, à l'extérieur. Ces découvertes révolutionnaires valent au petit groupe d'artistes, qui n'ont pas encore reçu le nom d'impressionnistes, l'incompréhension et les sarcasmes de la critique et du public.

Ce n'est qu'en 1873 que Cézanne rejoint le groupe des peintres novateurs

Quand il vient s'installer à Pontoise en 1872, Cézanne connaît pourtant Pissarro depuis sept ou huit ans, Guillaumin depuis plus longtemps encore.

Le mouvement impressionniste n'est pas né en un jour, issu d'une improvisation, d'une découverte fortuite, comme plus tard Monet et Renoir le laissèrent croire. Eugène Boudin (1824-1898), le peintre aquarelliste de Honfleur, leur avait appris à traduire les modulations les plus fines de la lumière, et Manet à refuser l'anecdote et la peinture narrative. Depuis une dizaine d'années, Pissarro le doyen, mais aussi Monet, Renoir, Bazille, Guillaumin et d'autres travaillaient dans la même direction. Ci-dessus de gauche à droite, Renoir (par Bazille), Guillaumin (par Cézanne), Pissarro, Sisley et Monet (par Renoir) et Cézanne partant pour le motif.

Il a connaissance du travail de ses amis, qui sont eux-mêmes informés du sien et l'apprécient. Guillaumin va jusqu'à déclarer que Cézanne est plus fort que Manet. Ils ont en commun l'indépendance d'esprit et le refus de l'académisme pesant et sclérosé qui règne au Salon. Mais Cézanne reste longtemps assez étranger aux recherches de ses amis. Couleurs sombres posées par masses, lumière indifférente, sujets narratifs ou allégoriques, c'est ainsi qu'il exprime ses sentiments, tandis que les autres cherchent à traduire leurs observations.

Les premiers tableaux qui semblent manifester le ralliement de Cézanne à la nouvelle peinture sont des paysages et des natures mortes exécutés à Auvers-sur-Oise. Les gris-vert et les bruns dominent encore mais ne sont plus posés par grandes surfaces homogènes et les compositions sont sagement architecturées.

On attribue en général ce «ralliement» à l'influence de Pissarro, qui possède des dons

de pédagogue certains (il devait plus tard initier à l'impressionnisme Gauguin puis Van Gogh). Mais le poids d'une telle «influence» n'explique rien. Pourquoi Cézanne, en quelques mois, a-t-il renoncé à une technique pour en adopter une autre dont les exemples lui étaient familiers depuis plusieurs années? Est-ce la conséquence de sa méditation solitaire, loin de ses camarades, face à la mer, à l'Estaque, pendant l'hiver 1870-1871? Est-ce la prise de conscience de l'impasse dans laquelle sa manière sombre l'enferme?

La première exposition impressionniste : un succès de curiosité et beaucoup d'hostilité

Au XIXᵉ siècle, en dehors du Salon officiel, un jeune artiste a peu d'occasions de montrer ses œuvres et de se faire connaître. Or, précisément, Cézanne et ses amis sont presque toujours refoulés par le jury du Salon, fermé à toute tentative novatrice.

Claude Monet lance alors l'idée courageuse et insolite d'organiser une exposition indépendante. Quand elle se prépare, au printemps 1874, Cézanne est pleinement intégré au groupe. Une trentaine d'artistes y participent, d'inégale hardiesse; mais ceux qui donnent le ton sont ceux que l'histoire a regroupés sous le nom d'impressionnistes : Degas, Guillaumin, Monet, Morisot, Pissarro, Renoir,

Sisley et, bien sûr, Cézanne.

Aucun effort de compréhension n'est fait par les critiques, déroutés par la technique nouvelle, si éloignée du «léché» de la peinture académique, et par l'absence de sujet ou d'anecdote auxquels accrocher un commentaire. Les peintres sont attaqués dans leur honnêteté intellectuelle ou suspectés dans leur équilibre mental. Le plus maltraité est sans doute Claude Monet qui expose huit œuvres, dont une vue du port du Havre intitulée *Impression, soleil levant*. Le titre est tourné en dérision par la critique, qui forge à cette occasion l'appellation d'«impressionnistes», que les membres du groupe décident d'adopter.

«Une espèce de fou, agité, en peignant, du delirium tremens»

Cézanne n'est pas épargné. Il expose trois tableaux, dont deux, par chance, peuvent être désignés avec certitude : *La Maison du pendu à Auvers-sur-Oise, Une moderne Olympia*, et une étude, *Paysage à Auvers*, non identifiée.

La Maison du pendu, un des très rares tableaux de Cézanne exposés à plusieurs reprises de son vivant et avec son consentement, a toujours été considéré comme la toile la plus importante de sa période impressionniste. Le site choisi, une banale rue de village, la lumière aigre de l'Ile-de-France, les coloris clairs et argentés

Auprès de l'«humble et colossal» Pissarro, ainsi qu'il appelait le doyen généreux et toujours prêt à conseiller les jeunes artistes, Cézanne s'oriente vers une peinture plus claire. A Auvers, il rencontre aussi le docteur Gachet, amateur de la peinture d'avant-garde, et auprès duquel, dix-sept ans plus tard, Van Gogh devait passer les derniers mois de sa vie. En haut à gauche, *l'Ermitage à Pontoise* de Pissarro; à droite, *le Château de Médan* de Cézanne, peint vers 1880.

Pour réaliser la première exposition impressionniste et celles qui devaient suivre (il y en eut huit en tout), on créa la Société anonyme des artistes peintres, sculpteurs, graveurs etc. Le photographe Nadar prêta le local, au 35, boulevard des Capucines (ci-contre). Pissarro fit inviter Cézanne à l'exposition en dépit de ceux qui craignaient sa peinture par trop provocatrice. Claude Monet plaida, lui aussi, sa cause.

mêrhe dans les ombres, la touche fractionnée
rapprochent cette toile de celles, contemporaines,
de Monet, de Pissarro et de Sisley. Mais ce qui, chez
ses amis, est recherche de la spontanéité, est chez
lui acquisition méditée et déterminée d'une
discipline, renoncement à un style antérieur.

Une moderne Olympia se veut comme une
critique ou un prolongement du fameux tableau
d'Edouard Manet, objet d'un beau scandale au Salon
de 1865. Un nu couché sans alibi mythologique ou
grivois – dont la modernité était soulignée par

le bouquet, la servante noire et le chat –, n'était
qu'une «vierge sale». Cézanne connaît Manet et
l'admire mais, intimidé par ce Parisien élégant, le
fréquente peu. Il a réalisé deux versions d'*Une
moderne Olympia*. Dans la première (vers 1867),
il se croit plus moderne que Manet, développant ce
qui n'était que suggéré chez lui. La présence du
«client voyeur», qui ressemble à Cézanne, la nature
morte, la potiche baroque bleue et or avec sa plante
verte, la servante noire réduite à l'état de statue, les
lourdes courtines prêtent au commentaire descriptif
et anecdotique.

C'est la seconde version, très différente et
postérieure de cinq ou six ans, qui est exposée en
1874. La composition a trouvé son équilibre,

Malgré certains caractères communs, *la Maison du pendu* (page de gauche) ne peut se confondre avec les paysages des autres impressionnistes. La composition est fortement organisée autour d'un point central, lumineux, d'où partent des obliques; les bords des toits, des murs, des talus délimitent une série de triangles très précisément articulés. De même, la pâte, épaisse et nourrie, est maçonnée par endroits au couteau à palette.

«Parlez-moi de la *Moderne Olympia*, à la bonne heure! Hélas! allez la voir, celle-là. Une femme pliée en deux à qui une négresse enlève le dernier voile pour l'offrir dans toute sa laideur aux regards charmés d'un fantoche brun. Vous vous souvenez de l'*Olympia* de M. Manet? Eh bien, c'était un chef-d'œuvre de dessin, de correction, de fini, comparée à celle de M. Cézanne.**»**
Louis Leroy,
Charivari,
25 avril 1874

Ci-dessus, la deuxième version d'*Une moderne Olympia*; en bas à droite, la première version; à gauche, l'*Olympia* de Manet.

les motifs de la première version sont répétés mais modifiés et en général développés. La plante verte est devenue pot de fleurs. Le guéridon porteur de la nature morte est entier. La statue de la négresse s'est animée, le chapeau sur le lit et surtout le petit chien sont silhouettés sur un ton humoristique qui est un peu celui de toute l'œuvre.

Ce tableau est un de ceux qui recueillent le plus de sarcasmes à l'exposition. Ainsi Marc de Montifaud écrit-il dans *l'Artiste* : «Cette apparition d'un peu de chair rose et nue que pousse devant lui, dans un nuage d'empyrée, une espèce de démon ou d'incube, comme une vision voluptueuse, ce coin de paradis artificiel, a suffoqué les plus braves.»

«Monsieur Cézanne est, dans ses œuvres, un Grec de la belle époque»

Les années suivantes, Cézanne se partage entre Paris et Aix. Dégoûté par l'accueil de la critique, il refuse de participer à la deuxième exposition du groupe en 1876. Mais il est encouragé par Victor Chocquet, un collectionneur de l'art du XVIIIe siècle, qui partage son admiration pour Delacroix dont il possède plusieurs œuvres. Cézanne se sent certainement rassuré de voir pour la première fois son art, ainsi que celui de Renoir, dont Chocquet est un des premiers amateurs, situé par un homme de goût dans une continuité historique.

Il se décide alors à participer à la troisième exposition impressionniste en 1877, avec dix-sept œuvres dont un portrait de Victor Chocquet qui attire particulièrement les railleries de la critique : «Si vous visitez l'exposition avec une femme dans une position intéressante, passez rapidement devant le portrait d'homme de M. Cézanne... Cette tête, couleur de revers de bottes, d'un aspect si étrange, pourrait l'impressionner trop vivement et donner la fièvre jaune à son fruit avant son entrée dans le monde.»

Mais cette fois, les impressionnistes trouvent quelques défenseurs : Edmond Duranty, Théodore Duret, ami de Manet, et surtout le critique Georges Rivière, qui clame l'admiration que lui inspirent les œuvres de Cézanne : «Les ignorants qui rient devant les *Baigneurs*, par exemple, me font l'effet de barbares critiquant le Parthénon.»

❝Ceux qui n'ont jamais tenu une brosse ou un crayon ont dit qu'il ne savait pas dessiner et ils lui ont reproché des imperfections qui ne sont qu'un raffinement obtenu par une science énorme.**❞**

Georges Rivière

Dans une lettre à Victor Chocquet dont il a peint plusieurs portraits (page de gauche, un tableau où le collectionneur est représenté assis), Cézanne lui exprime son estime et lui confie son attirance pour le plein air : «Puisque Delacroix a servi d'intermédiaire entre vous et moi, je me permettrai de dire ceci : que j'aurais désiré avoir cet équilibre intellectuel qui vous caractérise et vous permet d'atteindre sûrement le but proposé... Le hasard ne m'a pas doté d'une semblable assiette... Quant au reste, je n'ai pas à me plaindre. Toujours le ciel, les choses sans bornes de la nature m'attirent et me procurent l'occasion de regarder avec plaisir.» Ci-contre, le *Bassin du Jas de Bouffan* et en haut, page de gauche, une photographie de Cézanne vers 1880 et une étude de *Baigneuses*.

La production impressionniste de Cézanne présente la même variété thématique que celle des années précédentes

Seules les scènes littéraires ont disparu. Mais l'esprit dans lequel sont traités les mêmes thèmes est différent. Les personnages dans la campagne ne présentent plus des attitudes exprimant le conflit ou l'indifférence, mais une concordance d'intérêts. Dans certains tableaux, pouvant s'intituler à quelques exceptions près *Baigneurs* ou *Baigneuses*, les nus masculins et, plus souvent, féminins sont déjà harmonieusement associés aux branches des arbres ou aux lignes du paysage. Parfois aussi, Cézanne ménage de grands vides entre les personnages ; il cherche un rythme sur ce thème qu'il ne cessera plus de travailler.

Plus de crânes ni de bougies éteintes. Les natures mortes marient des objets porteurs de vie avec des accessoires familiers aux formes simples

Les fleurs et les fruits voisinent avec des compotiers, des assiettes, des bols, des boîtes à lait aux formes tronconiques. Certaines natures mortes, thème rarement traité par les autres impressionnistes, révèlent un axe de recherche nouveau qui deviendra prépondérant. Pour la première fois avec cette netteté, Cézanne cherche à rompre avec la perspective traditionnelle. Et cela souvent dans des natures mortes de petit format, comme s'il s'y sentait plus à l'aise pour innover. Les tableaux de plus grande dimension, comme la *Nature morte au panier et à la soupière*, sont plus révolutionnaires par le jeu des reflets, la traduction des volumes et la couleur, que par les «erreurs» de perspective.

Cézanne attire à cette époque l'attention de Paul Gauguin, alors simple peintre amateur et collectionneur d'œuvres impressionnistes. Les deux peintres feront connaissance vers 1881 par l'intermédiaire de Pissarro.

Dans la collection de Gauguin, des toiles de Monet, de Renoir, de Pissarro voisinent avec des Daumier, des Jongkind. De Cézanne, il possède trois œuvres, dont la nature morte *Compotier, verres et pommes* – précisément l'une de celles où apparaît nettement une distorsion des plans –, qu'il fera apparaître en arrière-plan d'un de ses tableaux : *Portrait de femme* (page de gauche). «J'y tiens comme à la prunelle de mes yeux et à moins de nécessité absolue je m'en déferai après ma première chemise», écrit-il à Shuffenecker en juin 1888.

Nature morte au *panier et à la soupière* aurait été peinte chez Pissarro, à Pontoise, vers 1877. La lumière sur ces humbles objets arrondis est rendue par un jeu subtil de reflets. Presque pas d'ombres. On pense ici encore à Chardin, dont plus de dix natures mortes importantes venaient d'entrer au Louvre (ci-contre, le *Gobelet d'argent*). Au mur, prolongeant la composition, trois tableaux, dont l'un, à gauche est un paysage de Pissarro.

La plupart des paysages associent arbres et maisons dont les murs et les toits permettent d'introduire des tracés géométriques

Qu'ils représentent des sites des environs de Paris ou de Provence, ces paysages ne répondent pas à une formule unique. Comme chez les autres impressionnistes, le plus souvent, la nature est familière, marquée par l'homme, mais la figure humaine est presque toujours absente.

Le point de vue choisi est souvent au ras du sol, mais parfois en surplomb, tantôt panoramique, tantôt étroitement cadré. La ligne d'horizon est rarement à son emplacement traditionnel (aux trois cinquièmes de la hauteur); Cézanne la place le plus souvent très haut. Libéré du schéma figé du paysage néo-classique que lui avait enseigné Gibert à Aix, il reprend des formules des peintres de l'école de Barbizon, eux-mêmes assez indifférents aux règles scolaires. Certes, Cézanne travaille toujours sur le motif, avec une fidélité telle qu'on a pu souvent identifier le lieu exact où il avait posé son chevalet. Mais sa personnalité intervient fortement dans ce choix. Cézanne, plus encore qu'à la période précédente, part de ce qu'il a sous les yeux, mais pour l'interpréter : «J'ai commencé à voir la nature un peu tard» écrit-il à Zola le 19 décembre 1878. C'est précisément pendant cette période impressionniste qu'il l'a regardée, pour en rendre la lumière changeante avec la même délicatesse que Monet ou Pissarro.

«J'ai commencé deux petits motifs où il y a la mer»

Les autres impressionnistes, à cette date au moins, avaient rarement représenté la mer. Cézanne, là encore, se singularise, et c'est lui cette fois qui suggère à Pissarro de l'imiter : «Votre lettre m'est venue surprendre à l'Estaque au bord de la mer [...]. Je me figure que le pays où je suis vous siérait à merveille [...]. C'est comme une carte à jouer.

Et cette chose que vulgairement on apprécie tant n'est que le fait d'un métier d'ouvrier, et rend toute œuvre qui en résulte inartistique et commune. Je ne dois chercher à compléter que pour le plaisir de faire plus vrai et plus savant.**

Paul Cézanne, à sa mère, 1874 Ci-dessus, *Auvers, vue panoramique,* 1873-1875.

**Je commence à me trouver plus fort que tous ceux qui m'entourent, et vous savez que la bonne opinion que j'ai sur mon compte n'est venue qu'à bon escient. J'ai à travailler toujours, non pas pour arriver au fini, qui fait l'admiration des imbéciles.

Des toits rouges sur une mer bleue» (2 juillet 1876).
Le rôle essentiel de l'observation d'un motif stable –
Cézanne travaille lentement – est clairement
affirmé, mais la comparaison avec les cartes à jouer
est également très significative. La carte à jouer est,
à l'époque, avec la caricature, l'une des rares
formes de stylisation, c'est-à-dire de déformation
systématique ou, pour employer le vocabulaire
du temps «de synthèse», alors admise. La
comparaison a déjà été employée par exemple
pour *le Fifre* de Manet.

La recherche d'expressivité n'est pas absente du
choix des motifs. C'est un lieu commun de la poésie
que de voir dans un paysage un «état d'âme». Le
XIXe siècle, après Chateaubriand et Lamartine, a
banalisé cette relation de l'homme avec la nature,
mais on en rencontre des expressions visuelles dans
le passé.

Cézanne connaît sans doute la théorie des modes
de Poussin, ou même s'il n'en a pas eu la
connaissance directe, il avait assez d'intuition pour
en retrouver le principe devant la magnifique série
des quarante tableaux du Louvre : ce n'est pas
seulement le sujet mais la manière de le représenter
qui différencie un paysage héroïque d'un paysage
bucolique.

“Le soleil y est si
effrayant qu'il me
semble que les objets
s'enlèvent en
silhouette non pas
seulement en blanc ou
noir, mais en bleu, en
rouge, en brun, en
violet. [...] Que nos
doux paysagistes
d'Auvers seraient
heureux ici!”
Paul Cézanne,
à Pissarro, 1876
*Marseilleveyre et l'île
Marie*, vers 1882.

Le ciel est souvent réduit à une brève surface claire ou une verdure opaque le cache même complètement

C'est le cas de deux tableaux importants qui encadrent la période impressionniste : *la Maison du père Lacroix* et le *Pont de Maincy*. Le premier a été peint à Auvers-sur-Oise. La technique est proche de celle de *la Maison du pendu.* Mais alors que celle-ci découpe les arêtes précises de ses toits et de ses murs sous le soleil, celle du père Lacroix est enfouie dans la verdure qui projette sur elle son ombre.

Quant au *Pont de Maincy*, la découverte du site exact a permis de le dater avec précision. Le tableau était déjà célèbre, mais mal localisé quand, au cours d'une promenade scolaire, un élève reconnut le pont qui figurait sur une reproduction du tableau accroché dans sa classe. Le pont qui a servi de

L a *Maison du père Lacroix* est un des rarissimes tableaux signés et datés (1873). Cézanne en a signé une vingtaine seulement et daté une dizaine, ce qui rend difficile l'établissement d'une chronologie précise.

Ce tableau occupe une place exceptionnelle dans l'œuvre de Cézanne. Comme l'observe l'historien d'art Charles Sterling : «Il est un de ses rares paysages d'eau douce. Le peintre de la sécheresse et des âpres cadences du Midi ne s'arrêtait que rarement devant ces motifs impressionnistes par excellence – la masse chaotique de verdure réfléchie dans une onde limpide. Le *Pont de Maincy* est un lieu clos, profond et humide; depuis les festons de feuillage jusqu'à l'eau obscure tout y est maçonné d'une couche d'émail .solide et translucide comme des smalts de mosaïque.»

modèle à Cézanne est donc situé à Maincy. Cézanne a séjourné à Melun de mai 1879 à février 1880 et ne revint dans cette région qu'en 1892, date qui ne correspond plus au style de l'œuvre. Ce tableau, peint au printemps ou en été, date donc de 1879.

Cette composition d'eau dormante, enserrée dans une végétation étouffante, est beaucoup plus proche, dans sa poétique sauvage, des *Château-Noir* peints vers 1900 que d'autres paysages des années 1878-1880. C'est l'un des rares tableaux reproduits et passés en vente du vivant même de l'artiste. La masse sombre de verdure du *Pont de Maincy*, comme celle de la *Maison du père Lacroix*, rappelle certains paysages de l'école de Barbizon, qui joua son rôle dans la genèse de l'Impressionnisme.

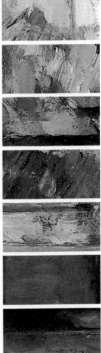

"Cézanne avait l'exécution fort lente, il y apportait de plus une extrême réflexion. Il n'a jamais donné une touche qui ne fût pas largement pensée. Il a su et voulu ce qu'il a fait. Il a le secret de donner à notre rétine des sensations raffinées.**"**

Emile Bernard,
Souvenirs sur Paul Cézanne, 1912

En huit ans, une vingtaine de portraits, dont la moitié d'autoportraits

Comme les autres membres du groupe, Cézanne réalise peu de portraits. La facture impressionniste, en unifiant la surface colorée, fait passer au second plan l'expression de la personnalité et le caractère du modèle.

Cézanne dessine souvent le visage de son fils au crayon, ne pouvant obtenir de l'enfant l'immobilité du modèle qui était nécessaire au peintre.

Dans les autoportraits, si l'expression et la pose varient, Cézanne ne se donne pas une allure avenante. Le choix de coiffures insolites – bonnet de coton, casquette de roulier, chapeau de jardinier – à une époque où le port du chapeau est de règle, souligne le caractère asocial que Cézanne affecte de se donner : «un être de légende, visage rude, broussailleux».

En 1878 et 1879, il fait plusieurs séjours prolongés à Aix et à l'Estaque, alors que les années précédentes, il avait passé davantage de temps à Paris et dans la région parisienne. Ce repliement sur soi, ce refuge que constitue l'Estaque, a des motifs familiaux. Il a pu aussi contribuer, en l'isolant du milieu parisien, à accélérer une mutation dans son attitude à l'égard du réel : les vues de l'Estaque que l'on s'accorde à dater de 1878-1879 ne relèvent plus guère de l'Impressionnisme.

Le critique Louis Vauxcelles décrit l'artiste sans intention malveillante : «Cézanne est un être de légende ; visage rude, broussailleux, le torse enveloppé dans une limousine de roulier. Mais ce Cézanne est un maître.» (*Gil Blas*, 15 septembre 1904). En buste, ou à mi-corps, les autoportraits du peintre donnent de lui une image sans complaisance, qui cherche le naturel plus que l'expression psychologique. De gauche à droite, trois *Portraits de l'artiste*, le dernier ayant appartenu à Pissarro.

«Je m'ingénie toujours à trouver ma voie picturale», écrit Cézanne à son confident Zola le 24 septembre 1879. Après sept ou huit ans de pratique impressionniste, il estime sans doute avoir poussé aussi loin que possible l'analyse des reflets lumineux et celle des ombres colorées. Mais, s'il évolue nettement vers 1880, on ne peut parler d'une rupture, mais plutôt d'une maturation.

CHAPITRE III
«UNE HARMONIE PARALLÈLE À LA NATURE»

Dans *Pots de fleurs,* la souplesse des branches et la vibration de la lumière atténuent la rigidité de l'alignement des pots. Cézanne établit l'aquarelle comme mode d'expression à part entière. Elle relevait auparavant du domaine de l'étude, de la notation rapide ou bien du projet.
Madame Cézanne au jardin (1879-1882).

Le dépassement de l'Impressionnisme, que Cézanne est le premier à accomplir, n'est pourtant pas un reniement

Cézanne reste et restera fidèle à certains principes de ce mouvement, en particulier au travail en plein air et aux ombres colorées. La modification des couleurs d'un objet – qu'il s'agisse d'une pomme ou d'une montagne – en fonction de la lumière qui l'éclaire (l'une des découvertes majeures de l'impressionnisme) demeure après 1880 l'un des fondements du travail de Cézanne dans ses peintures et ses aquarelles, technique qu'il pratique de plus en plus fréquemment. D'autre part, même à l'intérieur du mouvement impressionniste, Cézanne a toujours gardé le sens de la forme. Ses compositions et surtout ses paysages ont toujours été soigneusement architecturés.

Les autres membres du groupe éprouvent aussi le besoin de se renouveler

C'est peut-être en observant l'évolution de Cézanne que les autres impressionnistes s'astreignent à une cure d'austérité : Renoir a lui-même appelé ingresque la période où il renonce à noyer ses formes dans une diaprure ouatée; les contours sont bien cernés, les couleurs vives et aigres. Monet, un peu plus tard, peint plusieurs grandes toiles où des

C'est au Jas de Bouffan que Cézanne trouve la solitude qu'il aime. Il en peint les bâtiments (à droite, *Maison et ferme au Jas de Bouffan*, 1885-1887), le bassin, le parc et ses arbres, au fil des saisons. Il fait poser dans le jardin paysans et journaliers. Après la mort de sa mère, sur les instances de sa sœur, la propriété est vendue en 1899. Avant de partir, Cézanne brûle ses effets et ses souvenirs personnels.

La légèreté et la minceur de la pâte de *Arbres et maisons*, ainsi que la délicatesse des coloris, évoquent un métier d'aquarelliste. La composition – une trouée claire, encadrée par les masses sombres des branches d'arbres entrelacées – est l'une des plus régulièrement symétriques de toute l'œuvre de Cézanne. Faut-il y voir un clin d'œil à la tradition du paysage classique que lui avait enseigné son maître Gibert?

femmes en toilette claire, associées à des barques et
des rames, donnent une suggestion nouvelle de
l'espace. Bientôt Pissarro va se plier à la sévère
discipline néo-impressionniste. La remise en
question qu'opère Cézanne est antérieure et plus
définitive, mais elle n'est pas isolée.

Cette évolution de l'artiste n'entraîne
cependant aucun refroidissement dans ses
relations avec les autres membres du
groupe. Il vit de plus en plus souvent
à Aix ou à l'Estaque, mais il revoit
Pissarro quand il vient à Paris. Au
printemps 1882, Renoir séjourne à
l'Estaque où Cézanne l'accueille avec
beaucoup de gentillesse. En 1883, Renoir
passe de nouveau, cette fois accompagné
de Claude Monet. Et pendant l'été 1885,
Cézanne se rend chez Renoir à
La Roche-Guyon près de Mantes.

Une facture par touches carrées ou triangulaires

A l'époque impressionniste, la pâte était tantôt épaisse et grumeleuse, justifiant le rapprochement avec certains Chardin, tantôt plus fluide, mais posée par longues touches en virgule. Après 1880, la technique de Cézanne évolue. Il dispose parfois ses touches de peinture comme les carrés d'une mosaïque. La pâte reste assez liquide et ne couvre pas entièrement le blanc de la toile. Dans les vues de l'Estaque, l'abandon de la perspective et l'aplatissement des plans sont particulièrement sensibles. La mer est réduite à une grande surface lisse, tandis que le peintre retrouve une matière plus nourrie pour les rochers.

«Je peins comme je vois, comme je sens, et j'ai des sensations très fortes»

Il existe une contradiction apparente entre l'effort si profondément novateur de Cézanne et sa méthode de travail qui semble traditionnelle. L'artiste n'a jamais cessé de travailler d'après nature, qu'il s'agisse de natures mortes, de personnages ou de paysages. Il se dit toujours à la recherche de beaux motifs, et bien des commentateurs ont insisté sur son manque d'imagination et sur le caractère prétendument «réaliste» de son art. Le mot se prête

❝Une marine méridionale, une eau pesante et bleue, des collines rocheuses, la stupeur des choses sous la chaleur, paysage fortement construit, d'une attention et d'une franchise rares.**❞**
Gustave Geffroy, 1894

A gauche, le Golfe de Marseille vu de l'Estaque. A droite, la Montagne de l'Estaque et du château d'If.

à tous les sens, à tous les malentendus et à toutes les récupérations. Cet enfantement d'un nouvel espace vers 1880, qu'il développe après 1895, résulte d'une attitude volontariste, individuelle, dans laquelle l'observation du réel n'est que le point de départ d'une représentation subjective.

Cézanne a souvent isolé un arbre en avant-plan d'un paysage panoramique. Mais ici l'arbre absorbe toute l'attention et cache presque complètement le paysage : à travers le réseau brunâtre des branches et du tronc, à peine aperçoit-on quelques surfaces de terre et de ciel. Cézanne ne cherche plus ici à rendre la texture des écorces, de la végétation ou des terrains; il unifie son paysage par une facture homogène, en touches hachurées, un peu à la manière d'une aquarelle. Ainsi, dans la partie droite, il est impossible de préciser la nature et la proximité de la végétation ou des lignes de terrains dont seule la teinte est suggérée. Le choix de la section d'or pour l'emplacement des deux axes principaux, vertical et horizontal, fortement marqués, accentue encore l'aspect monumental de l'œuvre. Sans avoir le caractère grandiose des *Montagnes Sainte-Victoire*, ce tableau est marqué de l'esprit quasi religieux que Cézanne donne aux paysages sauvages (*le Grand Pin*, vers 1890).

C'est surtout après 1880 que le dessin de Cézanne devient «hérétique» selon les normes

Les compotiers et les bouteilles ne sont plus d'aplomb, le rebord des tables ne se prolonge plus de part et d'autre de la draperie qui en cache une partie, les pommes sont suspendues en équilibre sur le couvercle incliné d'un coffre. Il était admis qu'un tableau constituait la représentation d'un fragment de la réalité (fixe ou mobile), saisie par un peintre spectateur, lui-même immobile.

Manet, Degas, Renoir avaient discrètement dérogé à cette règle, mais de telle façon que ce dédoublement des points de vue n'apparaisse qu'à l'analyse. Cézanne, lui, les multiplie de façon immédiatement évidente. Les verres ou les compotiers sont décrits sous deux ou trois angles différents : de face, de haut en bas et de biais.

Cette pluralité des points de vue va s'accompagner au fil des années de bien d'autres «hérésies» : rupture d'échelle, fragmentation de la forme, dissociation du dessin et de la couleur, introduction d'éléments abstraits pour caler une composition. D'abord les natures mortes fournissent à Cézanne un champ privilégié pour ses expériences formelles, il étend ces «incorrections» à l'ensemble de son œuvre.

Parlant de ces natures mortes – d'une cohésion parfaite –, Cézanne dit qu'il a trouvé «une belle formule»

Comparée aux natures mortes dramatiques et sombres des débuts, ou aux présentations d'objets scintillants ou charnus des années 1875, celles de la période constructive n'en dérivent pas vraiment. Cézanne assigne à chaque objet et à chaque tache de couleur sa place dans un ensemble d'une cohésion parfaite. Il a, par la pratique de la peinture et de l'aquarelle, trouvé un style personnel. Rien ne sent

L a plupart des objets de la *Nature morte au panier* (1888-1890) sont vus de deux ou trois points de vue différents.

❝Le génie de Cézanne est de faire que les déformations perspectives, par l'arrangement d'ensemble du tableau, cessent d'être visibles pour elles-mêmes quand on le regarde globalement, et contribuent seulement, comme elles le font dans la vision naturelle, à donner l'impression d'un ordre naissant, d'un objet en train d'apparaître, en train de s'agglomérer sous nos yeux.❞

M. Merleau-Ponty,
Sens et non-sens

la difficulté. Il n'y a guère dans toute l'histoire de la peinture d'œuvres plus satisfaisantes à regarder que certaines natures mortes des années 1880, d'autant que le plaisir de l'œil et de l'esprit n'interdit pas l'analyse formelle ou thématique.

Un peintre sans influences

Cette rupture avec les conventions définies à la Renaissance qui aboutit à l'invention d'un nouvel espace, Cézanne n'est pas le seul à la réaliser, mais il la provoque plus tôt et la pousse plus loin que tout autre. On a voulu désigner les «influences» qui l'auraient guidé dans sa démarche. En vain. Certes, à Aix, à Paris ou dans les périodiques illustrés qui se multiplient à l'époque, Cézanne a vu des témoignages d'arts ne relevant pas de la tradition issue de la renaissance italienne. Comme Gauguin ou Van Gogh, il aurait pu s'en inspirer. Mais si l'abolition, dans sa peinture, de la perspective traditionnelle et de la troisième dimension, ainsi que l'utilisation de plans qui remontent systématiquement derrière les objets, sont des systèmes de représentation de l'espace qui s'apparentent à ceux de la fresque romane ou de l'estampe japonaise, il n'existe aucun témoignage décisif prouvant que Cézanne s'y soit véritablement intéressé et qu'il ait fixé son attention dans ces directions. L'éventail de ses curiosités, au moins tel qu'on peut le décrire, est même moins largement ouvert que celui de Delacroix, notamment du côté du Moyen Age.

En 1882, s'ouvre au Trocadéro le musée de Sculpture comparée (devenu depuis le musée des Monuments français), qui présentait de nombreux moulages de sculptures antiques et étrangères comparées à des sculptures françaises.

Le vase bleu (1885-1887) est une des toiles les plus célèbres de la période médiane. Cézanne y définit un espace pictural totalement autonome et qui ne se justifie que par lui-même, même si certains objets sont chargés d'une valeur symbolique. Ainsi, il est difficile de dire si les lignes de droite désignent une fenêtre ou un motif de papier peint. La couleur contribue aussi à unifier la toile et irradie même les ombres, au point que Cézanne se dispense de définir précisément d'où vient la lumière.

«Pommes et biscuits»

Une des plus pures natures mortes de la maturité de Cézanne, *Pommes et Biscuits* (1879-1882), est l'une de celles qui résument le mieux les caractères essentiels de son art dans sa période la plus sereine. Pour créer une composition d'une parfaite cohérence, il lui suffit d'une assiette et de quelques pommes disposées sur un coffre. La délicatesse des couleurs aux nuances d'aquarelle (le rose des biscuits et le bleu pâle du fond de l'assiette), la feinte simplicité de l'ordonnance utilisant subtilement les vides autour de quelques objets modestes ne se trouvent guère que chez Baugin ou chez Zurbarán, dont il est peu probable que Cézanne ait pu voir des natures mortes.

Des pommes venues de l'enfance

Dans ses recherches de stylisation, Cézanne a trouvé un support approprié dans la pomme. Mais le choix répété de ce fruit a une signification profonde. Par-delà leur symbolisme érotique traditionnel, elles sont un élément de son combat pictural. Ses relations d'enfance avec le jeune Zola s'établissent en termes de protection du futur peintre envers le futur romancier. Elles ont commencé avec des pommes que Zola a offertes en remerciement à son aîné pour un service rendu au lycée. Cézanne a exercé une protection de grand frère, pour ne pas dire de père, à l'égard de Zola, orphelin de père. Plus tard, Cézanne peint de nombreuses natures mortes de pommes. Il veut, comme il le dit, «conquérir Paris avec une pomme», c'est-à-dire acquérir une notoriété de peintre avec un sujet à la fois trivial et chargé d'une signification poétique par la tradition et le souvenir de l'enfance. *Nature morte à la commode* (1883-1887).

Cézanne s'y rend à plusieurs reprises. Mais il ne semble pas avoir visité le musée d'Ethnographie, devenu depuis le musée de l'Homme, où il aurait pu voir des exemples d'art nègre et d'art précolombien. En revanche, il a travaillé toute sa vie au Louvre. La curiosité de Cézanne le pousse presque exclusivement vers la sculpture classique et baroque (Michel-Ange, Puget, les Coysevox Lemoine, Caffieri...) , vers la sculpture antique, et, exceptionnellement, vers le Moyen Age.

En peinture, son champ d'intérêt est plus large, mais les artistes les plus souvent étudiés sont Rubens et Delacroix. Au total, près du tiers des dessins conservés de Cézanne (il reste très peu de copies à l'huile) ont été exécutés d'après des œuvres d'art.

Louis-Auguste, ouvrant le courrier de son fils, découvre qu'il vit avec un modèle et qu'il en a un enfant

En 1878, Cézanne vient chercher de nouveau à l'Estaque un refuge pour Hortense Fiquet et leur fils Paul. Il veut dissimuler cette liaison à son père, qui l'oblige à rentrer à la maison tous les soirs. Quand celui-ci découvre la vérité, l'artiste nie l'évidence et Louis-Auguste réduit la pension. Cézanne est obligé de faire appel pendant plusieurs mois à la générosité de Zola, que ses succès de librairie mettent à l'abri du besoin.

Les rapports se tendent. Louis-Auguste feint d'ignorer ce qu'il sait : «Il paraît que j'ai des petits-enfants à Paris». Le peintre trouve appui auprès de sa mère et, de façon moins certaine, auprès de sa sœur Marie. L'une et l'autre n'aiment pas beaucoup Hortense, dont Paul s'est d'ailleurs peu à peu détaché. Elles se liguent cependant pour écarter en 1885 une certaine Fanny avec qui le peintre ébauche une liaison dont on sait peu de choses.

Finalement, Paul épouse Hortense en 1886. Il a quarante-sept ans, son fils en a quatorze. Louis-Auguste, qui a donné son consentement au mariage, meurt quelques mois après la cérémonie.

Cézanne se sentit des affinités avec le génie dramatique du sculpteur méridional Pierre Puget et exécuta plusieurs dessins d'après ses œuvres, comme ce *Milon de Crotone.*

Pas plus que son père, Emile Zola, son ami de toujours, n'a compris le talent de Cézanne

C'est en 1886 aussi que survient la brouille entre Cézanne et Zola. Cézanne a demandé plusieurs fois des services à Zola, qui les lui a rendus bien volontiers. Pour Cézanne, Zola est donc à la fois l'ami d'enfance, le jeune critique du café Guerbois où l'on défendait la jeune peinture autour de Manet, l'écrivain arrivé qui se substitue un temps à son père défaillant en lui avançant sa pension et l'ami dont il attend qu'il reconnaisse la valeur de sa peinture. Zola a certes défendu Manet en 1867 mais, sauf en ce qui concerne la modernité des sujets, il ne semble jamais avoir compris ni apprécié l'art des impressionnistes et de Cézanne : au fil des années, ses textes sur les impressionnistes sont de plus en plus réticents.

A Paris, Zola se répand en propos peu flatteurs sur l'art de son ami. On en a un témoignage dans une lettre de Huysmans adressée à Pissarro en 1883 : «La personnalité de Cézanne m'est profondément sympathique, car je connais par Zola ses efforts, ses déboires, ses défaites lorsqu'il tente de mettre sur ses pieds une œuvre.» Cependant, l'esthétique même de Zola, son goût pour un mobilier lourd et prétentieux, le fait qu'il ait décroché de ses murs les tableaux de ses amis, à l'exception du portrait de Manet, tout confirme l'orientation de ses choix.

Même aux moments où leurs relations étaient difficiles, Cézanne a toujours conservé une attitude déférente envers son père. Celui-ci signera, avec la mère et la sœur de l'artiste l'acte de mariage

de Paul Cézanne et d'Hortense Fiquet à la mairie d'Aix-en-Provence.

**La parution de «l'Œuvre», où Cézanne se reconnaît
dans le personnage de Claude Lantier, «génie raté»,
provoque la rupture des deux amis**

En 1886, Zola, comme il le fait à chaque parution
d'un de ses nouveaux romans, envoie *l'Œuvre* à
Cézanne. Les défenseurs de Zola avancent qu'il n'a
jamais voulu y mettre en scène son ami. Mais ses
contemporains ont reconnu Cézanne dans le
portrait de ce peintre impuissant.

Que l'identification de la part de Zola soit
involontaire n'en est que plus révélateur. Pour Zola,
vers 1885, Cézanne est un artiste raté et une
relation gênante. Il faut dire aussi que celui-ci, à
Médan, a tout fait pour agacer l'écrivain en mal de
considération, en se tenant de façon cavalière
devant ses invités.

Cézanne adresse à Zola une lettre de
remerciement fort sèche qui met fin, avec beaucoup
de dignité, à une longue amitié. Les deux hommes
ne devaient plus jamais se revoir.

Pendant la période constructive, Cézanne représente une vingtaine de fois l'Estaque et ses environs

Le peintre décrit en 1882 son installation : «J'ai ici une petite maison avec jardin juste au-dessus de la gare et au pied de la colline où les rochers commencent derrière moi avec les pins.

Je m'occupe toujours de la peinture, j'ai ici de beaux points de vue.» Le plus souvent, il associe l'eau, la montagne, les maisons, la verdure et parfois – détail insolite qu'il fut sans doute l'un des premiers à oser peindre –, une cheminée d'usine. La mer est réduite à une sorte de plaque bleue inanimée et immobile. Cette réduction de la mer à une forme plate contraste avec l'entourage de verdure et de maisons que Cézanne détaille volontiers en les géométrisant. Dans les toiles peintes lors de ses premiers séjours, la végétation est le plus souvent touffue, mariant les nuances les plus variées du vert et du jaune. Plus tard, la transposition du site est plus forte. L'artiste attire même à l'Estaque Renoir, qui n'avait jamais travaillé dans le Midi et qui est également séduit par «ce beau pays».

«Mon cher Emile, Je viens de recevoir *l'Œuvre* que tu as bien voulu m'adresser. Je remercie l'auteur des *Rougon-Macquart* de ce bon témoignage de souvenir, et je lui demande de me permettre de lui serrer la main en songeant aux anciennes années. Tout à toi sous l'impulsion des temps écoulés.**»**
Paul Cézanne, Gardanne, 4 avril 1886

Monet écrit de son côté à Zola (ci-contre l'écrivain dans son bureau à Médan) : «Je viens de lire *l'Œuvre* et je reste troublé, je vous l'avoue [...]. J'ai les craintes qu'au moment d'arriver, les ennemis se servent de votre livre pour nous assommer.»

Cézanne a contribué à faire découvrir la lumière méditerranéenne aux générations suivantes. Avant lui, les artistes étaient surtout familiers de la côte normande. Cézanne reçut Monet et Renoir, et c'est de l'Estaque que Braque et Dufy vont peindre leurs tableaux les plus «cézanniens». Ci-contre, *le Golfe de Marseille vu de l'Estaque* et un *Autoportrait*.

Cézanne n'a pratiquement jamais représenté la mer en dehors de l'Estaque. Un psychanalyste noterait volontiers le rapport «mer-mère-refuge», perceptible dans ces séjours de Cézanne au bord de la Méditerranée. Plus tard, Cézanne devait délaisser l'Estaque. Pour plusieurs raisons. L'une d'entre elles tient à la transformation du site. Cézanne le précise lui-même dans une lettre à sa nièce (1902), bien révélatrice de sa mentalité : «Je me souviens parfaitement des bords, autrefois si pittoresques, du rivage de l'Estaque. Malheureusement ce qu'on appelle le progrès n'est qu'invasion des bipèdes qui n'ont de cesse qu'ils n'aient tout transformé en odieux quais avec des becs de gaz et – ce qui est pis encore – avec l'éclairage électrique. En quel temps vivons-nous!»

Dans les paysages, arbres et bâtiments inscrivent sur la toile des contours nets

Dans les années 1920, à la suite du Cubisme, de nombreux commentateurs de Cézanne ont insisté sur les tracés géométriques en forme de grilles auxquelles on pouvait réduire ses tableaux. Il est certain, par exemple, que les arêtes rectilignes du Jas de Bouffan, ou l'étagement des toits de Gardanne aux environs d'Aix se prêtent à ce genre de schémas. C'est en 1885 et 1886 que Cézanne y trouve une source d'inspiration : «Je commence à peindre mais parce que je suis à peu près sans ennuis. Je vais tous les jours à Gardanne et je rentre tous les soirs à la campagne, à Aix» (25 août 1885). Cézanne révèle là les deux conditions qui lui sont nécessaires pour créer : de bonnes dispositions intérieures et un spectacle stimulant.

Les contours des arbres et des maisons de l'époque impressionniste étaient enveloppés ou agités d'une sorte de vibration. Après 1880, la lumière change complètement dans les paysages de l'artiste. C'est le plus souvent une lumière dure et égale qui sculpte les formes et qui, contrairement à la lumière impressionniste, n'est pas analysée systématiquement : il est impossible de déterminer l'heure du jour ou la saison.

Au regard des peupliers de Monet ou de Sisley, palpitant dans le soleil, ceux de Cézanne ont la solidité et l'immobilité du bronze. Cette luminosité, ces invraisemblances dans l'orientation des ombres sont particulièrement sensibles dans les majestueux paysages panoramiques de 1885-1890, où Cézanne retrouve la poésie sereine des paysages héroïques de Poussin. Ci-contre, *les Peupliers* de Cézanne (1879-1882); ci-dessous, de gauche à droite, *Peupliers au soleil* de Monet (détail), *Moret, bords du Loing* de Sisley (détail), *les Peupliers* de Cézanne (détail), et, en vignette, les tableaux de Monet et de Sisley.

Cézanne travaille par séries. La plus célèbre et la plus abondante est celle consacrée à la montagne Sainte-Victoire

Dans une lettre à Zola de mai 1881, Cézanne indique : «J'ai mis plusieurs études en train, par temps gris et par temps de soleil.» Quelques années plus tard, Monet adopte cette méthode de travail avec ses *Peupliers* et la systématise dans les séries des *Meules*, des *Cathédrales de Rouen* et enfin des *Nymphéas*. Cézanne a donc devancé Monet.

La montagne Sainte-Victoire apparaît pour les premières fois en 1870, puis comme «tableau dans le tableau» dans *l'Eternel Féminin*. Mais c'est seulement après 1880 que Cézanne se prend de passion pour «sa» montagne.

Avant 1890, elle occupe le plus souvent le fond d'un paysage très composé, aux plans échelonnés, la profondeur étant suggérée par un arbre en avant-plan et par une succession d'horizontales ou d'obliques.

La lumière est claire, égale; l'atmosphère, limpide. Comme dans d'humbles natures mortes, Cézanne, dans ses panoramas grandioses, donne l'image d'un univers apaisé.

La Sainte-Victoire, symbole du peintre dominant sa ville

Les sites des environs d'Aix l'avaient souvent inspiré, mais rarement dans un cadrage panoramique. L'apparition de la montagne Sainte-Victoire, qui domine la campagne aixoise et dont la coloration change d'heure en heure, se produit au moment où Cézanne séjourne de moins en moins souvent à Paris et vit davantage à Aix. Ses relations avec son père se sont peu à peu détendues. Il n'a plus de soucis d'argent et a régularisé sa situation en épousant Hortense Fiquet.

On peut voir dans la sérénité de ces paysages le reflet de l'apaisement survenu dans son monde familial et, dans la position dominante de la montagne, le symbole de Cézanne lui-même prenant possession de son territoire et triomphant de la société aixoise qui ne veut pas reconnaître sa valeur artistique.

La montagne Sainte-Victoire appartient à la famille des montagnes «sacrées» : Sinaï, Thabor, Olympe. Son nom, dont l'origine est controversée, lui donne une signification à la fois dominatrice et vénérable.

Aix-en-Provence au XIXᵉ siècle est une ville assoupie, de trente mille habitants, ancienne capitale détrônée par Marseille, sa rivale, et qui n'a gardé de son rang passé que sa cour d'appel, son archevêché et son université. Etudiant, Cézanne a souffert de la vie morne d'Aix; peintre, il a éprouvé avec amertume l'incompréhension de ses compatriotes. Mais il n'est pas sûr que le calme provincial déplut au créateur solitaire.

Cette *Montagne Sainte-Victoire* est datée de 1885-1887. Un arbre isolé, bien au centre de la composition, est un procédé hardi et peu orthodoxe pour donner de la profondeur au paysage.

"On aperçoit la montagne dès avant le Tholonet. Elle est nue et presque unicolore, davantage un éclat lumineux qu'une couleur. Parfois on peut confondre les contours des nuages avec de hautes montagnes : ici, tout à l'inverse, la montagne resplendissante semble au premier regard surgie du ciel; à cela contribue le mouvement comme figé, dans un temps d'avant le temps, des flancs rocheux qui tombent parallèles et des plissements qui se prolongent horizontaux dans le socle.
La montagne donne l'impression d'avoir coulé d'en haut, de l'atmosphère presque de même couleur et de s'être ici épaissie en un petit massif de l'espace universel.**"**

Peter Handke,
*La Leçon
de la Sainte-Victoire*

Page de gauche, en haut, *Plateau de la montagne Sainte-Victoire* (1882-1885); en bas, *la Montagne Sainte-Victoire au grand pin* (1885–1887); ci-contre, la route du Tholonet.

Madame Cézanne et le jeune Paul

Les portraits de Mme Cézanne sont nombreux à cette époque, en général cadrés en buste. Les traits du visage sont parfois peu détaillés et inexpressifs, ou bien l'expression est grave et pensive. C'est aussi de la fin de la période classique que datent certains

Les portraits de Mme Cézanne, aux volumes nets et simplifiés, ont intéressé particulièrement les peintres cubistes.

portraits d'elle fortement architecturés, ainsi que *la Femme à la cafetière* où les volumes du corps et des objets sont simplifiés géométriquement. Le modèle de cette toile n'est pas connu. On a supposé

qu'il s'agissait de Mme Brémond, la gouvernante du peintre. Après 1880, le visage de Paul adolescent apparaît dans quelques tableaux. Le fils a pour son père une réelle affection. Il correspondra avec lui et l'aidera à la fin de sa vie.

En 1888, Paul Cézanne pose pour une grande composition *Arlequin et Pierrot*, inspirée par le carnaval traditionnel d'Aix-en-Provence.

Arlequin et Pierrot est un des rares tableaux postérieurs à 1870 comportant des figures en mouvement. Page de gauche, *Madame Cézanne dans la serre* est l'un des plus célèbres portraits d'Hortense où l'inachèvement apporte grâce et élégance. Ci-contre, *la Femme à la cafetière*.

Les autoportraits de Cézanne sont sans doute les plus vivants, les plus spontanés, les moins riches aussi en accessoires de ses portraits. En haut, page de gauche, *Autoportrait* (aquarelle vers 1895); en bas, de gauche à droite : *Cézanne coiffé d'un chapeau mou* (1890–1894); *Portrait de Cézanne* (1879–1882), ayant appartenu à Degas); *Cézanne au chapeau melon* (1883–1885).

"Cézanne a le talent de fixer l'essentiel d'un personnage. Cet œil rougi d'avoir trop longtemps interrogé l'impondérable, a bien su démêler, sous les irisations de la peau, les témoignages plastiques de la vie intérieure."

André Lhote

Pour se peindre, Cézanne choisit une attitude nouvelle : le buste de profil

La tête du peintre se retourne à gauche vers le spectateur. Ce choix d'un mouvement brusque introduit un élément de variété dans la série des autoportraits.

Dans un autre tableau, Cézanne, sans renoncer à ses hardiesses de perspectives, sacrifie à la position traditionnelle du peintre et se représente debout devant son chevalet, la palette à la main. Mais il ne prend pas soin d'intervertir la position des mains et tient donc sa palette de la main droite.

Une période de maturation pour les «Baigneurs»

Comparée à celle de ses contemporains, académiques ou novateurs, la production de Cézanne frappe par son abondance et par sa diversité thématique. Certains genres semblent cependant connaître plus une période de maturation que de réalisation. C'est le cas du thème des baigneurs, sur lequel il multiplie les tableaux de format modeste et qui trouveront leur aboutissement plus tard. Leur caractère d'œuvres de recherches explique peut-être que bien des artistes (Monet, Denis, Matisse, Picasso, Moore) aient voulu posséder des exemplaires de cette série. Il ne faut pas cependant y voir des travaux de laboratoire ou des essais inaboutis. Le nombre très variable de figures, la diversité des attitudes prouvent seulement qu'il n'a pas encore «réalisé» un agencement qui le satisfasse. D'ailleurs, plusieurs versions de la fin de la période classique, avec les masses clairement réparties, la clarté bleutée, quasi impressionniste, de ses nus et sa facture émaillée, ne sauraient être considérées comme des essais.

66 Baigneurs et baigneuses, chez Cézanne, ne sont alourdis d'aucun alibi historique et mythologique, ne sont enrobés d'aucune fiction justificatrice et c'est ainsi dans leur vérité nue qu'ils se montrent. Ils n'ont pas non plus cet enrobage d'anecdote qui fait le charme des bords de Marne impressionnistes avec leurs airs de gracieux reportages. 99
Gilles Plazy,
*Cézanne
ou la peinture absolue*

A gauche, *Cinq Baigneuses* (1879-1882), ayant appartenu à Picasso; à droite, *Baigneurs* (1890-1892).

Cézanne aime s'identifier au prophète Moïse. Il a suivi une route difficile, guidé par ses seules certitudes intérieures. Il a surmonté l'opposition des hommes et son art ouvre une nouvelle voie à la peinture. Pourtant, en 1904, il écrit encore modestement : «J'ai réalisé quelques progrès. Pourquoi si tard et si péniblement? L'Art serait-il, en effet, un sacerdoce, qui demande des purs qui lui appartiennent tout entiers?»

CHAPITRE IV

«J'ENTREVOIS LA TERRE PROMISE»

Natures mortes, figures ou paysages, tous les motifs sont traités avec fougue et liberté. A gauche, *le Jardinier Vallier*; ci-contre, *Pommes, poires et casserole.*

Devenu riche à la mort de son père, Cézanne continue de mener une vie très simple à Aix et dans sa région

Après 1890, l'existence du peintre est mieux connue; les témoignages de visiteurs sont plus nombreux. On aurait pu penser que, pourvu d'une large aisance, il en profiterait pour voyager et pour voir en Italie ou en Belgique d'autres œuvres des maîtres qu'il avait admirés au Louvre ou, comme Monet et Degas, pour collectionner. Il n'en est rien; Cézanne garde des habitudes de vie fort simples. Hormis des cures à Vichy (il souffre de diabète) et un séjour en Suisse en 1890, imposé par sa femme – «elle n'aime que la Suisse et la limonade», dit-il –, il ne sort guère de ses lieux favoris : Aix et la région aixoise, avec quelques déplacements de plus en plus brefs à Paris et dans ses environs.

A Aix, il vit plus proche de sa sœur que de sa femme, et finit même par prendre une gouvernante. Il mène une vie régulière, devient un chrétien pratiquant, assidu aux offices de la cathédrale. Il peint presque tous les jours, se faisant emmener «sur le motif» par un fiacre ou travaillant chez lui. En 1902, il aménage un nouvel atelier sur le chemin des Lauves, aux environs immédiats d'Aix, d'où il domine la ville et dispose d'un bon point de vue sur la Sainte-Victoire.

Ambroise Vollard, un jeune marchand, organise en 1895 à Paris la première exposition de l'œuvre de Cézanne, encore inconnue du public

Cézanne a présenté pourtant quelques toiles dans des expositions de groupe. Mais la boutique du père Tanguy, un pittoresque marchand de couleurs de Montmartre qui prenait des tableaux en pension, reste le seul endroit où l'on peut en voir.

Le peintre Maurice Denis, auteur en 1900 d'un solennel *Hommage à Cézanne*, avoue que vers 1890, à l'époque de ses premières visites dans la boutique de Tanguy, il considérait Cézanne comme un mythe, peut-être même comme le pseudonyme d'un artiste spécialisé dans d'autres recherches, dont il mettait en doute l'existence.

C'est certainement aussi chez le père Tanguy

«Vollard pose tous les matins chez Cézanne, depuis un temps infini. Dès qu'il bouge, Cézanne se plaint qu'il lui fasse perdre la ligne de concentration. Il parle aussi de son défaut de qualités optiques, de son impuissance à réaliser comme les anciens maîtres; mais il croit avoir des sensation», écrit Maurice Denis dans son journal. Ambroise Vollard devait dire : «Pour qui ne l'a pas vu peindre, il est difficile d'imaginer à quel point certains jours, son travail était lent et pénible.» Après cent quinze séances de travail – toujours d'après Vollard –, le peintre repartit pour Aix (ci-dessus, le pont des Trois-Sautets dans les environs de la ville vers 1900).

Exposition Cézanne
Galerie Vollard
6, Rue Laffitte

Composition inédite de Cézanne   du lundi 9 mai au vendredi 10 juin 1898

qu'Ambroise Vollard vit pour la première fois des tableaux de Cézanne. Doué d'un flair exceptionnel, le jeune marchand débutant, organise la première exposition Cézanne. Désormais, Vollard va s'attacher à faire connaître l'œuvre de son protégé (qui réalisera son portrait) et lui achète la majeure partie de sa production.

L'année suivante, deux tableaux, *Cour de ferme à Auvers* et *l'Estaque*, entrent, non sans difficulté, au musée du Luxembourg, grâce au legs Caillebotte. Monet, Degas, Renoir, Gauguin admirent l'artiste.

Les jeunes peintres le révèrent; peintres et critiques écrivent sur lui; certains vont le voir à Aix

Malgré sa réputation de sauvagerie et sa phobie du moindre contact physique, Cézanne reçoit les nouveaux venus aimablement et entretient avec

Cézanne exécute le *Portrait de Vollard* quatre ans après l'exposition dans sa galerie, rue Laffitte.

certains une correspondance confiante. C'est le cas
de Camoin, le futur fauve, ou d'Emile Bernard, rival
de Gauguin dans l'invention du cloisonnisme mais
revenu alors à une pratique plus traditionnelle.
C'est dans une lettre à ce dernier que se lit la phrase
partout citée : «Traitez la nature par le cylindre, la
sphère, le cône, le tout mis en perspective, soit que
chaque côté d'un objet, d'un plan, se dirige vers un
point central. Les lignes parallèles à l'horizon
donnent l'étendue, soit une section de la nature ou,
si vous aimez mieux, du spectacle que le *Pater
Omnipotens Aeterne Deus* étale devant nos yeux.
Les lignes perpendiculaires à cet horizon donnent la
profondeur.»

On a probablement exagéré la portée de cette
phrase qui paraît contenir en germe le Cubisme et
tout un versant de la peinture du XXᵉ siècle.
Cézanne, par bonhomie ou par complaisance, a
tendance à adapter le contenu de ses réponses,
écrites ou orales, à ses interlocuteurs.

Or il considère Bernard
comme un personnage
verbeux, «un intellectuel
congestionné par les
souvenirs de musées». Et
l'on peut admettre que
Cézanne, non sans malice, a
doctement énoncé pour lui
une théorie simplificatrice.

Des objets aux
formes simples,
comme des fruits ou
des bouteilles,
voisinent souvent avec
des draperies, qui
introduisent souplesse
et mouvement dans la
composition des
natures mortes. *Nature
morte aux oignons* et
Pommes et oranges
(détails).

Certaines compositions comme «les Joueurs de cartes» trouvent leur aboutissement

Les *Joueurs de cartes* sont une des œuvres les plus populaires de Cézanne. Le sujet est courant dans la peinture depuis le XVIIe siècle, et un tableau de l'école de Le Nain sur ce thème est conservé au musée Granet d'Aix-en-Provence.

Il existe cinq versions des

Joueurs de cartes, plus des études préparatoires pour des personnages isolés : une version à cinq personnages, une à quatre personnages et trois à deux personnages.

On a longuement discuté sur l'ordre d'exécution des cinq versions. Il semble qu'en raison de leur style les trois versions à deux personnages soient postérieures aux autres, dont la composition est plus aérée et où les personnages se détachent sur un fond clair. Toutes les versions sont fondées sur un schéma de construction très fortement symétrique; l'axe est marqué dans les deux plus anciennes par un personnage assis de face et dans les trois autres par une bouteille.

P ourquoi, précisément vers 1890-1895, dans le moment où il peint une série de *Baigneurs*, Cézanne a-t-il accordé une telle attention au thème des joueurs de cartes? Les *Joueurs de cartes*, aux physionomies concentrées, s'affrontant dans un espace clos, constituent l'exacte antithèse des *Baigneurs*, aux silhouettes impersonnelles, évoluant dans un cadre de plein air. Ci-dessus, les *Joueurs de cartes* de la fondation Barnes à Philadelphie, une des compositions les plus grandes de Cézanne, (1,34 m sur 1,81 m), qui donne une forte impression de concentration et de tension; ci-contre, les *Joueurs de cartes* du Metropolitan Museum de New York, plus sereine, où l'affrontement est plus pacifique.

Cézanne exprimerait-il inconsciemment dans cette série le combat qu'il a dû mener contre son père et contre lui-même? La carte à jouer en est l'arme apparente et désigne ici son travail de peintre. Dans le vocabulaire de la critique d'art de l'époque, dans une lettre de Cézanne lui-même (1876) et dans des discussions autour d'une table au Café Guerbois, la comparaison avec les cartes à jouer servait à caractériser le style simplificateur et le dessin aplati des tableaux de Manet et des impressionnistes. Ces trois versions des *Joueurs de cartes* se réduisent à un face-à-face entre les deux antagonistes. Elles expriment une forte tension entre les deux personnages concentrés sur leur jeu. Tout décor a disparu. La technique est très libre, la couleur posée par touches volontaires.

Pourtant, au risque de dérouter ses admirateurs, Cézanne se renouvelle profondément pour la troisième fois

Il le fait au moment où ses œuvres anciennes commencent à être connues et appréciées, au moins d'un petit noyau, et sans que sa nouvelle manière puisse se déduire des précédentes. C'est un cas peut-être unique dans l'histoire de la peinture.

La thématique est toujours aussi riche : portraits, natures mortes, paysages, figures. Mais entre 1890 et 1895 s'opère un changement radical de style et de facture. A l'architecture sereine, scandée de pleins et de vides, vont succéder des compositions opaques, et aux teintes claires et lumineuses, des bruns et des bleus foncés.

Désormais la perspective traditionnelle et le modelé par les ombres sont définitivement abandonnés. Tantôt, il n'y a plus véritablement d'espace et tous les éléments constitutifs du tableau se situent dans un plan unique, continu, sans profondeur : c'est le cas des *Sous-bois*, des *Baigneuses* et de certaines *Montagnes Sainte-Victoire*. Tantôt, Cézanne définit un nouvel espace par un agencement de plans obliques au plan du tableau.

C'est de nouveau dans la nature morte que s'expriment ses nouvelles recherches

Désormais, plus sûr de lui qu'il ne veut bien le reconnaître dans ses lettres, il choisit des toiles d'assez grande dimension. Les compositions sont

A gauche, ci-dessous, *Pommes et oranges* (vers1899); à droite, *Nature morte aux oignons* (1896-1898); ci-contre, *l'Amour en plâtre* (1895).

plus complexes. Les formes simples et les surfaces lisses des pommes et des faïences contrastent avec les draperies aux replis mobiles et irréguliers. La description des objets et l'agencement des plans échappent à toute règle et construisent un monde cohérent où chaque touche de couleur est déterminée par sa place dans l'ensemble.

Il introduit, au milieu des fruits et des draperies, une statuette, un Amour potelé du XVIIIe siècle. Les pommes et la statuette constituent des signes auxquels s'attache une valeur évocatrice ou symbolique. L'Amour joufflu signifie assez clairement la santé, la jeunesse et la joie de vivre. En opposition, Cézanne revient à la fin de sa vie au motif du crâne, qui avait disparu de son œuvre depuis plus de vingt ans.

Cézanne emploie de nouveau les couleurs foncées de sa jeunesse. Dans le même temps, il exécute de grandes aquarelles comme *Tête de mort sur une draperie*, où il joue avec les effets de transparence. Même liberté dans la composition de ses natures mortes où il n'hésite pas à placer, contrairement à l'usage, des objets en déséquilibre.

Portraits et figures isolées sont également soumis à une impérieuse simplification des volumes

Les portraits de sa femme sont toujours aussi nombreux. Il en diversifie l'attitude et le cadre en la faisant poser en plein air ou dans une serre. Mme Cézanne apparaît presque toujours distante, majestueuse, placée par la volonté du peintre dans une attitude un peu contrainte et dans un éclairage indéterminé.

Par la recherche de naturel et par l'importance donnée à l'environnement et à la profession du modèle, le portrait de Gustave Geffroy s'inscrit dans la tradition du portrait humaniste. Geffroy est un critique d'art très lié avec Monet, qui attira son attention sur Cézanne en 1894. Il publie deux textes favorables au peintre encore presque inconnu. Pour le remercier, Cézanne fait son portrait. Les deux hommes devaient finalement se brouiller. Geffroy, il est vrai, n'avait manifesté une grande compréhension ni pour l'art ni pour la personnalité du peintre.

Les relations de Cézanne avec Joachim Gasquet devaient suivre un parcours analogue. Ce jeune poète aixois, fils d'un ami d'enfance de Cézanne, se prit de sympathie pour lui et s'enthousiasma pour l'art du peintre qui en fit un temps son confident. Leurs relations devaient se distendre, Gasquet s'étant montré

Geffroy considéra le portrait que Cézanne fit de lui comme une des très belles œuvres du peintre, malgré son inachèvement : «La bibliothèque, les papiers sur la table, le petit plâtre de Rodin, la rose artificielle qu'il apporta au début des séances, tout est de premier ordre, et il y a bien aussi un personnage dans ce décor peint avec un soin méticuleux et une richesse de tons, une harmonie incomparables.»

indiscret et Cézanne étant, quant à lui, de caractère ombrageux et peu sociable, craignant qu'on lui «mette le grappin dessus». Gasquet a publié la transcription de ses conversations avec l'artiste, en y ajoutant beaucoup de son cru. Son témoignage est à utiliser avec précaution. Il reste de cette amitié l'un des portraits les plus spontanés de Cézanne.

L e *Portrait de Gasquet* (ci-dessous) est un rare exemple de figure en déséquilibre et *l'Homme aux bras croisés* (page de gauche), présente de fortes distorsions de plans.

Des images d'une végétation envahissante, où l'œil se perd, on en trouve aussi chez Gauguin, chez Monet, dans les *Jungles* du Douanier Rousseau, dans les décorations d'Odilon Redon à l'abbaye de Fontfroide. Elles contrastent avec les panoramas dégagés et les grands ciels que Cézanne et les impressionnistes avaient affectionné vingt ans auparavant.

Dans les paysages, l'œil est arrêté par un mur de végétation profuse entourant des rochers à l'allure cyclopéenne

A l'époque précédente, les paysages étaient organisés en partant d'un horizon dégagé et de plans étagés. Ce goût pour un environnement sauvage, sans horizon et d'où l'homme est exclu, comme celui de *Bibémus*, il le partage alors avec Claude Monet dans les grands *Nymphéas*. Les sous-bois sont traités avec une technique raffinée, chaque touche a été posée avec une légèreté et une sûreté de main d'aquarelliste, les repentirs sont rares. Comme Poussin, il différencie ses techniques pour différencier les matières. La pâte est lisse pour les rochers, divisée et fragmentée pour les feuillages avec, parfois, un léger tremblement, comme pour suggérer le vent dans les arbres. Dans l'exceptionnelle *Vue du lac d'Annecy*, la totalité de la toile devient une muraille de glace bleutée. Peu de peintres ont su à ce point diversifier leurs moyens.

Cézanne a représenté une dizaine de fois *Château-Noir*, vu de bas en haut ou bien de front, dans un plan parallèle au plan du tableau. Il en tire un effet saisissant par le contraste entre le bâtiment ocre et la végétation d'un vert profond qui envahit le ciel de traînées irréelles.

La montagne Sainte-Victoire continue de l'inspirer, mais les points de vue et les cadrages ont changé. Cézanne s'installe souvent sur la route du Tholonet et la représente de face.

❝ Me voici éloigné de notre Provence pour quelque temps. [...] C'est une zone tempérée. L'altitude des collines environnantes est assez grande. Le lac, en cet endroit resserré par deux goulets, semble se prêter aux exercices linéaires de jeunes *miss*. C'est toujours la nature, assurément, mais un peu comme on nous a appris à la voir dans les albums des jeunes voyageuses. **❞**
Cézanne à Gasquet, Annecy, juillet 1896

❝ Pour me désennuyer je fais de la peinture, ce n'est pas très drôle, mais le lac est très bien avec de grandes collines tout autour, on me dit de deux mille mètres, ça ne vaut pas notre pays. **❞**
Cézanne à Solari, Annecy, juillet 1896

Page de gauche, *Sous-bois* (1895-1900); ci-contre, *Vue du lac d'Annecy* (1896).

Château-Noir

"Situé à mi-chemin entre Aix et le Tholonet, Château-Noir, construit dans la deuxième moitié du XIXe siècle s'élève au-dessus de la route, presque au pied de la colline. Il comprend deux bâtiments indépendants disposés en angle droit. [...] Amorce d'une orangerie qui ne fut jamais construite, des piliers dressés vers le ciel et ne supportant rien donnent à l'ensemble un étrange aspect de ruines; le style des bâtiments percés d'étroites fenêtres gothiques et coiffés de toits pentus n'est pas moins étrange. Entre eux s'étend la cour sur laquelle donne la pièce occupée par Cézanne. [...] Les bâtisses ne sont absolument pas noires et n'ont rien d'un château; elles sont construites dans la belle pierre jaune de la carrière de Bibémus, toute proche [...]. Cézanne a presque toujours représenté la façade orangée, lumineuse, de l'aile ouest, avec la grande porte rouge de la remise, dominant les verts bleutés d'une végétation exubérante.**"**

John Rewald,
Cézanne,
les dernières années

Harmonies vert et ocre

"Les sensations colorantes qui donnent la lumière sont cause d'abstractions qui ne me permettent pas de couvrir ma toile, ni de poursuivre la délimitation des objets quand les points de contact sont ténus, délicats; d'où il ressort que mon image ou tableau est incomplète.**"**
Cézanne à E. Bernard,
23 octobre 1905

Page de gauche, *Dans le parc de Château-Noir* (1898); ci-dessus *Pistachier dans la cour de Château-Noir* (vers 1900); en haut à droite, *Vue du Château-Noir* (1894-1896); ci-contre, *Château-Noir* (1904-1906, détail).

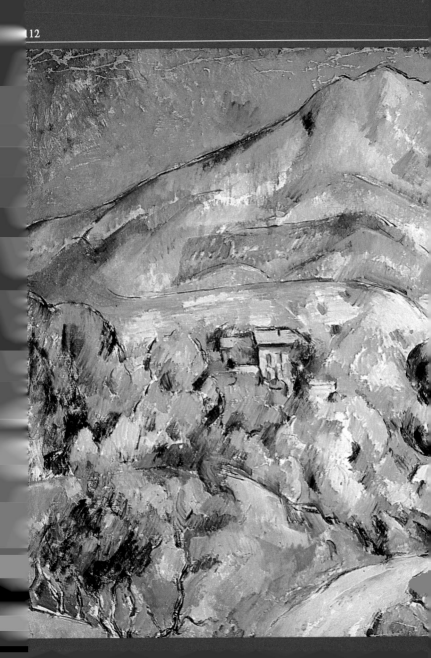

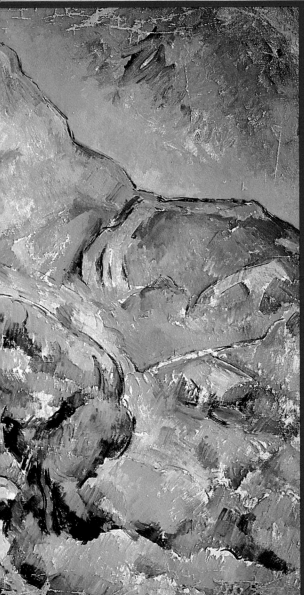

La montagne triomphante

La montagne Sainte-Victoire demeure à l'intérieur du panorama; il n'y a pas de rupture, pas de clivage entre la plaine et les collines d'une part, et la montagne de l'autre. Les couleurs obéissent à une distribution simple, mais qui reste d'esprit naturaliste : le ciel est bleu, la végétation verte, la terre ocre clair et la montagne violacée. Le passage d'une plage de couleur à une autre suit des contours sinueux, irréguliers, mais sans espaces de transition, ou presque.

Joachim Gasquet apporte un témoignage sur Cézanne achevant l'une de ces *Sainte-Victoire* : «La toile lentement se saturait d'équilibre. L'image préconçue, méditée, linéaire dans sa raison se dégageait déjà des taches colorées qui la cernaient partout. Le paysage apparaissait comme un papillotement, car Cézanne avait lentement circonscrit chaque objet, échantillonnait, pour ainsi dire, chaque ton; il avait de jour en jour, insensiblement, d'une harmonie sûre, rapproché toutes ces valeurs; il les liait entre elles d'une clarté sourde.»

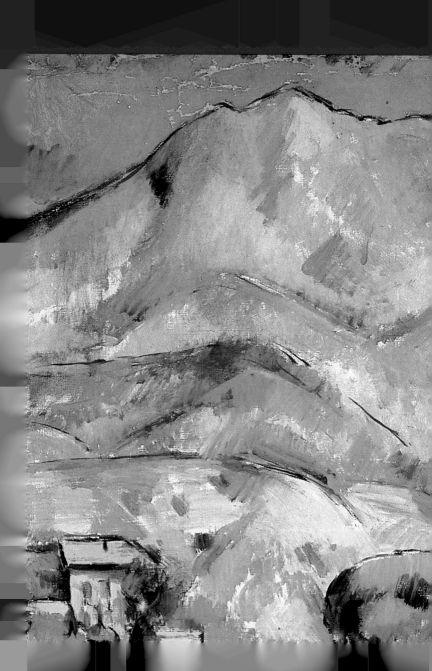

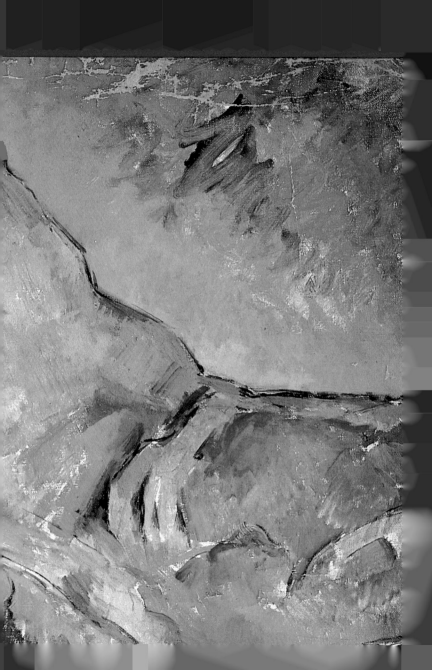

«Marier les courbes des femmes aux croupes des collines»

Cézanne met en chantier pendant ses dernières années une toile importante sur le thème des baigneuses; il se laisse même photographier par Emile Bernard, assis devant elle. Ce sujet l'a toujours intéressé, mais aux époques précédentes, il ne l'avait exprimé que sur des toiles d'assez petit format. Vers 1900, il s'attaque pour la première fois à des supports de plus de un mètre de large. La plus grande version mesure 2,08 m sur 2,49 m; c'est de beaucoup le plus grand tableau de Cézanne. Il a même fait aménager à son intention une fente dans le mur de son atelier du chemin des Lauves, pour pouvoir l'introduire sans la rouler.

Cézanne a peint au moins trois grandes versions de *Baigneuses.* Le nombre et la position des figures varient sensiblement de l'une à l'autre : deux versions en frise d'une puissance de stylisation impressionnante, sans commune mesure avec les autres toiles de l'époque, ont été longuement travaillées, abandonnées, puis remises en chantier. On suppose que l'une était dans l'atelier de Paris, l'autre à Aix, et qu'il travaillait alternativement à l'une et à l'autre. Les visages donnent une impression d'inachevé, que renforce le manque de développement en hauteur. La troisième, la plus vaste, décrit une majestueuse arcature gothique, tandis que les deux autres se présentent comme un bas-relief. Le coloris de la plus grande a une légèreté d'aquarelle, dominé par les bleu-gris et les verts sombres. Une nouvelle fois, Cézanne

En 1904, Cézanne est photographié dans son atelier des Lauves, devant les *Grandes Baigneuses*. Cette version s'inscrit encore, par sa mise en scène théâtrale en frise, dans le prolongement des *Baigneurs* et des *Baigneuses* antérieurs. Elle fait partie de la collection Merion, conservée à la fondation Barnes (qui ne fournit que des reproductions en noir et blanc de ses collections).

a réussi l'expression idéale de la sérénité dans l'alliance heureuse de l'homme et de la nature. Une nouvelle fois, il rejoint les plus poétiques créations humanistes de Poussin, en qui il reconnaît un puissant lyrisme qui sait se discipliner. On cite souvent de façon inexacte un mot de Cézanne sur Poussin. Il déclarait qu'il voulait «vivifier Poussin sur nature» (et non pas refaire Poussin sur nature), c'est-à-dire couler dans la discipline du paysage poussinesque l'émotion qu'il éprouvait devant le spectacle de la nature. Il nous livre des paysages à la fois grandioses et ordonnés, où l'homme s'inscrit harmonieusement.

Femmes, arbres et ciel

"Plutôt qu'une étude pour les *Grandes Baigneuses*, ce tableau semble être une version indépendante, dans laquelle, par ailleurs, les figures ne sont plus le principal centre d'intérêt [...] au stade inachevé de cette œuvre. Mais elle est «inachevée» seulement parce que la toile n'est pas couverte par endroits, ce qui est le cas uniquement là où les couleurs, et non pas des éléments de la composition, sont absentes. [...] Ce tableau, brossé de façon assez lâche, est complètement dominé par des tonalités gris-bleu avec quelques touches bleu verdâtre dans le sol, les arbres et le ciel. [...] La zone la plus sombre du triangle est bleu foncé, au centre du premier plan, autour duquel sont rassemblés quatre nus, isolés des baigneuses de gauche et de droite par un agencement qui ne se retrouve nulle part dans l'œuvre de Cézanne sauf dans une aquarelle. La majorité des espaces laissés blancs se situent autour des baigneuses. Les figures du groupe central sont inclinées, comme si quelque chose, sur le sol, les attirait.**"**

John Rewald,
*Cézanne
les dernières années*

Les «Grandes Baigneuses»

C'est la plus grande toile de Cézanne et, parce qu'elle est la plus formelle, on la cite souvent comme exemple de son idéal de composition. [...] Elle est aussi exceptionnelle, parmi ses œuvres, par la symétrie bien marquée et l'adaptation des formes nues au motif triangulaire des arbres et de la rivière. [...] L'atmosphère de ce tableau est étrange et belle. Le paysage est d'un bleu ample, brume légère dans laquelle baignent le ciel, l'eau et la végétation, qui recouvre délicatement les personnages magistralement dessinés.»

Meyer Schapiro,
P. Cézanne

Les toutes dernières œuvres de Cézanne montrent une liberté et un caractère visionnaire

Déjà dans le *Garçon au gilet rouge* ou dans les *Joueurs de cartes*, Cézanne se préoccupe peu de l'exactitude anatomique et allonge démesurément le bras de ses modèles, tout comme Ingres ajoutait des vertèbres à ses odalisques. La *Vieille au chapelet* ou les différentes versions du *Jardinier Vallier* ont une dimension pathétique, qui avait disparu de son monde depuis plus de vingt ans. Les teintes sombres (bleu de Prusse, vert foncé, brun), la pâte épaisse et l'expression tragique des visages aux traits marqués par l'âge, tout sépare ces apparitions impressionnantes des figures de l'époque précédente. Il désespère de pouvoir rendre «cette magnifique richesse de coloration qui anime la nature. «Ici, écrit-il à son fils en septembre 1906, au bord de la rivière, les motifs se multiplient,

Ce visage grave et méditatif du *Garçon au gilet rouge* est l'un des plus expressifs de l'œuvre de Cézanne, tandis que la manche, libre de toute préoccupation figurative, est un prodigieux morceau d'art abstrait. Seuls les plus grands sont parvenus à unir à ce niveau le sentiment d'une présence humaine aussi intense et une réussite aussi éblouissante de peinture pure.

le même sujet vu sous un angle différent offre un sujet d'étude du plus puissant intérêt, et si varié que je crois que je pourrais m'occuper pendant des mois, sans changer de place, en m'inclinant tantôt plus à droite, tantôt plus à gauche.» Ses motifs préférés demeurent les sous-bois et surtout la Sainte-Victoire dont il donne après 1900 une nouvelle image.

Les portraits du *Jardinier Vallier*, son dernier modèle, sont des apparitions quasi fantomatiques qui se noient dans la verdure.

Une île, une émergence, un iceberg : les dernières «Sainte-Victoire» acquièrent une autre nature

Les couleurs sont travaillées presque à la mode impressionniste, par petites touches, que la pâte soit mince ou épaisse. La partie de la toile que, par habitude mentale, l'on désigne comme étant le sol, la terre, la végétation, est absolument illisible. Il est exclu, sauf exceptions, de chercher à y lire, comme dans les *Sainte-Victoire* plus anciennes, une maison, un arbre, un aqueduc. Une ligne horizontale nettement affirmée sépare cette surface inférieure occupée par les verts foncés, les bleus de Prusse et un peu de brun, de la Sainte-Victoire elle-même, seule, avec sa silhouette de nuance bleutée, violacée ou vert foncé, tandis que le reste de la partie haute de la toile (dans laquelle on voit le ciel) mêle un bleu plus soutenu et un vert.

Pour exprimer l'émotion intense qu'il ressent et la couler dans une forme harmonieuse, Cézanne a besoin, comme d'un stimulant, de voir le motif, qui reste toujours reconnaissable. Il affirme vouloir traduire ses sensations, mais les tableaux qu'il peint sont irréalistes et visionnaires, d'un lyrisme puissant (on a supposé, à tort, chez lui, des troubles de la vision). Dans ses dernières *Sainte-Victoire*, la montagne n'est plus la continuation du panorama de collines et de végétation, mais une masse qui en est clairement séparée. Elle n'est plus un élément d'un site, au même titre que la plaine, les arbres ou les maisons; elle est de nature différente. Une ligne horizontale, marquée très fortement, la sépare du reste du paysage.

Mais cette lecture est la projection du souvenir des *Sainte-Victoire* très lisibles de la période précédente. C'est en fonction de cet acquis que se lit la forme de la montagne, et que l'on nomme ciel la partie haute de la toile.

Or, dans un certain nombre de *Sainte-Victoire*, ainsi d'ailleurs que dans plusieurs *Château-Noir* et *Bibémus*, il y a dans le ciel des taches vertes qui ne peuvent en aucun cas, au niveau d'une représentation lisible de la réalité, figurer des branches d'arbres. C'est là un exemple net de coloration arbitraire ou, si l'on veut, de rupture avec la représentation plausible. Si depuis, Dufy, Léger et bien d'autres nous ont habitués à la dissociation du dessin et de la couleur, Cézanne, ici, est le premier à l'opérer de façon aussi choquante.

Le motif, nécessaire jusqu'à la fin

De ce besoin de partir du visible pour peindre l'équivalent passionné des sensations, Cézanne est mort. Le 15 octobre 1906, un orage le surprend pendant qu'il peint. Il perd connaissance et est ramené chez lui. Il veut malgré tout travailler le lendemain à un portrait du *Jardinier Vallier*. Il meurt le 22 octobre d'une congestion pulmonaire.

Précurseur de la peinture moderne

«Cézanne est l'un des plus grands parmi ceux qui orientent l'histoire, et il messied de le comparer à Van Gogh ou à Gauguin. Il évoque Rembrant. Tel l'auteur des *Pèlerins d'Emmaüs*, négligeant les vains clapotis, il a sondé d'un œil opiniâtre le réel et, s'il n'a pas touché lui-même à ces régions où le réalisme profond insensiblement se change en spiritualisme lumineux, du moins dédia-t-il à qui veut fermement y atteindre, une méthode simple et prodigieuse. Il nous apprend à dominer le dynamisme universel. Il nous révèle les modifications que s'infligent réciproquement les objets crus inanimés. Par lui, nous savons qu'altérer les colorations d'un corps, c'est en altérer la structure. Son œuvre prouve irrécusablement que la peinture n'est pas – ou n'est plus – l'art d'imiter un objet par des lignes et des couleurs, mais de donner une conscience plastique à notre nature.»

Gleizes et Metzinger,
Du Cubisme

TÉMOIGNAGES
ET DOCUMENTS

Zola-Cézanne, la camaraderie du génie

L'amitié entre le peintre et le romancier est célèbre. Ses racines sont ancrées dans l'enfance où naissent les rêves et les désirs. Zola a certes compris l'homme et sa psychologie difficile, mais il a méconnu l'artiste et son œuvre.

CÉZANNE À ZOLA

Aix, juillet 1859

Cézanne confie en vers à son ami son horreur du droit, ses cauchemars où se mêlent la peur de l'amour et celle de la mort. Zola l'encourage à choisir sa vocation, à persévérer, à lutter contre le découragement.

Illustration d'une lettre à Zola

Quand le soleil levant de mille feux allume
Les verdoyants coteaux où bruissent les forêts,
Les flots étincelants des plus riches reflets
De l'azur ; puis survient une brise légère
Qui chasse en tournoyant la brume passagère,
C'est ainsi qu'à mes yeux se présentent parfois
Des êtres ravissants, aux angéliques voix,
Durant la nuit. Mon cher, on dirait que l'aurore
D'un éclat frais et pur à l'envi les colore,
Ils semblent me sourire et je leur tends la main.
Mais j'ai beau m'approcher, ils s'envolent soudain,
Ils montent dans le ciel, portés par le zéphyre
Jetant un regard tendre et qui semble me dire
Adieu ! près d'eux encor je tente d'approcher,
Mais c'est en vain, en vain que je veux les toucher,
Ils ne sont plus – déjà la gaze transparente
Ne peint plus de leurs corps la forme ravissante.
Mon rêve évanoui, vient la réalité
Qui me trouve gisant, le cœur tout attristé,
Et je vois devant moi se dresser un fantôme
Horrible, monstrueux, c'est le DROIT qu'on le nomme.

Cézanne vers 1870

CÉZANNE À ZOLA
      Aix, 29 décembre 1859

Quelques gouttes tombant à de courts intervalles
Tachaient le sol. Des terribles rafales
Précurseur ordinaire, un vent impétueux
Soufflant du sud au nord s'éleva furieux ;
Le simoun qu'en Afrique on voit épouvantable
Enterrer les cités sous des vagues de sable,
Des arbres qui poussaient leurs rameaux vers les cieux
Courba spontanément le front audacieux.
Au calme succéda la voix de la tempête.
Le sifflement des vents que la forêt répète
Terrifiait mon cœur. L'éclair, avec grand bruit,
Terrible, sillonnait les voiles de la nuit :
Vivement éclairés par sa lueur blafarde
Je voyais les lutins, les gnomes, Dieu m'en garde,
Qui volaient, ricanant, sur les arbres bruissants.
Satan les commandait ; je le vis, tous mes sens
Se glacèrent d'effroi : son ardente prunelle
Brillait d'un rouge vif ; parfois une étincelle
S'en détachait, jetant un effrayant reflet ;
La ronde des démons près de lui circulait...

Zola vers 1860

ZOLA À CÉZANNE
      Paris, juillet 1860

[...] Tu deviens pour moi une énigme, un sphinx, un je ne sais quoi d'impossible et de ténébreux. De deux choses l'une : ou tu ne veux pas, et tu atteins admirablement ton but ; ou tu veux, et dès lors je n'y comprends plus rien. Tes lettres tantôt me donnent beaucoup d'espérance, tantôt m'en ôtent plus encore ; telle est la dernière, où tu me sembles presque dire adieu à tes rêves, que tu pourrais si bien changer en réalité. Dans cette lettre est cette phrase que j'ai cherché vainement à comprendre : « Je vais parler pour ne rien dire, car ma conduite contredit mes paroles. » J'ai bâti bien des hypothèses sur le sens de ces mots, aucune ne m'a satisfait. Quelle est donc ta conduite ? Celle d'un paresseux sans doute ; mais qu'y a-t-il là d'étonnant ? On te force à faire un travail qui te répugne. Tu veux demander à ton père de te laisser venir à Paris pour te faire artiste ; je ne vois aucune contradiction entre cette demande et tes actions ; tu négliges le droit, tu vas au musée, la peinture est le seul ouvrage que tu acceptes ; voilà je pense un admirable accord entre tes désirs et tes actions. Veux-tu que je te le dise ? surtout ne va pas te fâcher, tu manques de caractère ; tu as horreur de la fatigue, quelle qu'elle soit, en pensée comme en actions ; ton grand principe est de laisser couler l'eau, et t'en remettre au temps et au hasard. Je ne te dis pas que tu aies complètement tort ; chacun voit à sa

manière et chacun le croit du moins.
Seulement, ce système de conduite, tu
l'as déjà suivi en amour ; tu attendais,
disais-tu, le temps et une circonstance ;
tu le sais mieux que moi, ni l'un ni
l'autre ne sont arrivés. [...] J'ai cru
devoir te répéter une dernière fois ici ce
que je t'ai déjà dit souvent : mon titre
d'ami excuse ma franchise. Sous bien
des rapports, nos caractères sont
semblables ; mais, par la croix-Dieu ! si
j'étais à ta place, je voudrais avoir le
mot, risquer le tout pour le tout, ne pas
flotter vaguement entre deux avenirs si
différents, l'atelier et le barreau. Je te
plains, car tu dois souffrir de cette
incertitude, et ce serait pour moi un
nouveau motif pour déchirer le voile ;
une chose ou l'autre, sois véritablement
avocat, ou bien sois véritablement
artiste ; mais ne reste pas un être sans
nom, portant une toge salie de
peinture. Tu est un peu négligent –
soit dis sans te fâcher – et sans doute
mes lettres traînent et tes parents les
lisent. Je ne crois pas te donner de
mauvais conseils ; je pense parler en
ami et selon la raison. Mais tout le
monde ne voit peut-être pas comme
moi, et si ce que je suppose plus haut
est vrai, je ne dois pas être au mieux
avec ta famille. Je suis sans doute pour
eux la liaison dangereuse, le pavé jeté
sur ton chemin pour te faire trébucher.
Tout cela m'afflige excessivement ;
mais, je te l'ai déjà dit, je me suis vu
si souvent mal jugé, qu'un jugement
faux ajouté aux autres ne saurait
m'étonner. Reste mon ami, c'est tout
ce que je désire.

Un autre passage de ta lettre m'a
chagriné. Tu jettes, me dis-tu, parfois
tes pinceaux au plafond, lorsque ta
forme ne suit pas ton idée. Pourquoi ce
découragement, ces impatiences ? Je les
comprendrais après des années d'étude,

après des milliers d'efforts inutiles.
Reconnaissant ta nullité, ton
impossibilité de bien faire, tu agirais
sagement alors en foulant palette, toile
et pinceaux sous tes pieds. Mais toi qui
n'as eu jusqu'ici que l'envie de
travailler, toi qui n'as pas encore
entrepris ta tâche sérieusement et
régulièrement, tu n'es pas en ton droit
de te juger incapable. Du courage
donc ; tout ce que tu as fait jusqu'ici
n'est rien. Du courage, et pense que,
pour arriver à ton but, il te faut des
années d'étude et de persévérance. Ne
suis-je pas dans le même cas que toi ?
la forme n'est-elle pas également
rebelle sous mes doigts ? Nous avons
l'idée ; marchons donc franchement et
bravement dans notre sentier et que
Dieu nous conduise !

ZOLA À BAILLE

Paris, 10 juin 1861

[...] Je vois Cézanne rarement. Hélas !
Ce n'est plus comme à Aix, lorsque
nous avions dix-huit ans, que nous
étions libres et sans souci de l'avenir.
Les exigences de la vie, le travail séparé,
nous éloignent maintenant. Le matin
Paul va chez Suisse, moi je reste à
écrire dans ma chambre. A onze
heures, nous déjeunons, chacun de
notre côté. Parfois à midi, je vais chez
lui, et alors il travaille à mon portrait.
Puis il va dessiner le reste du jour chez
Villevieille ; il soupe, se couche de
bonne heure, et je ne le vois plus. Est-
ce là ce que j'avais espéré ? – Paul est
toujours cet excellent fantasque garçon
que j'ai connu au collège. Pour preuve
qu'il ne perd rien de son originalité, je
n'ai qu'à te dire qu'à peine arrivé ici, il
parlait de s'en retourner à Aix ; avoir
lutté trois ans pour son voyage et s'en

soucier comme d'une paille ! Avec un tel caractère, devant des changements de conduite si peu prévus et si peu raisonnables, j'avoue que je demeure muet et que je rengaine ma logique. Prouver quelque chose à Cézanne, ce serait vouloir persuader aux tours de Notre-Dame d'exécuter un quadrille. Il dirait peut-être oui, mais ne bougerait pas d'une ligne. Et observe que l'âge a développé chez lui l'entêtement. [...] Il est fait d'une seule pièce, raide et dur sous la main ; rien ne le plie, rien ne peut en arracher une concession. Il ne veut pas même discuter ce qu'il pense ; il a horreur de la discussion, d'abord parce que parler fatigue, et ensuite parce qu'il faudrait changer d'avis si son adversaire avait raison.

Cézanne se tourne vers Zola qui lui vient en aide. Il fait plusieurs séjours à Médan, chez l'écrivain. Mais l'incompréhension grandit entre les deux hommes.

L'Estaque, 27 août 1878

Mon cher Émile,
J'ai encore recours ce mois-ci à ton obligeance, si tu peux encore envoyer soixante francs à Hortense, jusqu'au 10 septembre au Vieux Chemin de Rome 12.

Je n'ai encore pu trouver de logement à Marseille, parce que je [ne] le voudrais pas cher. Je compte y passer tout l'hiver si mon père consent à me donner de l'argent. Je pourrais ainsi poursuivre quelques études que je fais à l'Estaque, d'où je m'éloignerai que le plus tard possible.

Je te remercie d'avance, et je te prie d'agréer, ainsi que toute ta famille, mes sincères salutations.

Paul Cézanne

Vernon, 19 juillet 1885

Mon cher Émile,
Comme tu me le dis, j'irai mercredi à Médan. Je tâcherai de partir le matin. J'aurais voulu pouvoir m'appliquer encore à la peinture, mais j'étais dans la plus grande perplexité, car, puisque je dois descendre dans le Midi, je concluais que le plus tôt me semblait préférable. D'un autre côté, peut-être vaut-il mieux que j'attende encore un peu. Je suis dans l'indécision. Peut-être en sortirai-je.

Je te salue cordialement.

Paul Cézanne

*L*e château de Médan

Zola n'a jamais compris la peinture de Cézanne, ni celle des impressionnistes. En 1886, la parution de l'Œuvre (dont quelques extraits sont reproduits ici), où il décrit Claude Lantier, peintre raté, sous les traits de Cézanne amène la rupture définitive entre les deux amis.

L'Œuvre

Ah ! Cet effort de création dans l'œuvre d'art, cet effort de sang et de larmes dont il agonisait, pour créer de la chair, souffler de la vie ! Toujours en bataille avec le réel, et toujours vaincu, la lutte contre l'Ange ! Il se brisait à cette besogne impossible de faire tenir toute la nature sur une toile, épuisé à la longue dans les perpétuelles douleurs qui tendaient ses muscles, sans qu'il pût jamais accoucher de son génie. Ce dont les autres se satisfaisaient, l'à-peu-près du rendu, les tricheries nécessaires le tracassaient de remords, l'indignaient comme une faiblesse lâche ; et il recommençait, et il gâtait le bien pour le mieux, trouvant que ça ne « parlait » pas, mécontent de ses bonnes femmes, ainsi que le disaient plaisamment les camarades, tant qu'elles ne descendaient pas coucher avec lui. Que lui manquait-il donc pour les créer vivantes ? Un rien sans doute. Il était un peu en deçà, un peu au-delà peut-être. Un jour, le mot de génie incomplet, entendu derrière son dos, l'avait flatté et épouvanté. Oui, ce devait être cela, le saut trop court ou trop long, le déséquilibrement des nerfs dont il souffrait, le détraquement héréditaire qui, pour quelques grammes de substance en plus ou en moins, au lieu de faire un grand homme, allait faire un fou. Quand un désespoir le chassait de son atelier, et qu'il fuyait son œuvre, il emportait maintenant cette idée d'une impuissance fatale, il l'écoutait battre contre son crâne, comme le glas obstiné d'une cloche. [...]

Et, surtout, sa fraternité d'artiste augmentait, depuis qu'il voyait Claude perdre pied, sombrer au fond de la folie héroïque de l'art. D'abord, il en était resté plein d'étonnement, car il avait cru à son ami plus qu'à lui-même, il se mettait le second depuis le collège, en le plaçant très haut, au rang des maîtres qui révolutionnent une époque. Ensuite, un attendrissement douloureux lui était venu de cette faillite du génie, une amère et saignante pitié, devant ce tourment effroyable de l'impuissance. Est-ce qu'on savait jamais, en art, où était le fou ? Tous les ratés le touchaient aux larmes, et plus le tableau ou le livre tombait à l'aberration, à l'effort grotesque et lamentable, plus il frémissait de charité, avec le besoin d'endormir pieusement dans l'extravagance de leurs rêves ces foudroyés de l'œuvre. [...]

« Aboutir à ça »

Il se rappelait leurs efforts, leurs certitudes de gloire, la belle fringale, d'appétits démesurés, qui parlaient d'avaler Paris d'un coup. A cette époque, que de fois il avait vu en Claude le grand homme, celui dont le génie débridé devait laisser en arrière, très loin, le talent des autres ! C'était... des toiles immenses rêvées, des projets à faire éclater le Louvre ; c'était une lutte incessante, un travail de dix heures par jour, un don entier de son être. Et puis, quoi, après vingt années de cette passion, aboutir à ça, à cette pauvre chose... ! tant d'espoirs, de tortures, une vie usée au dur labeur de l'enfantement, et ça, et ça, mon Dieu !

Cézanne et Zola vers 1900

La rupture

Gardanne 4 avril 1886

Mon cher Émile,

Je viens de recevoir l'*Œuvre* que tu as bien voulu m'adresser. Je remercie l'auteur des *Rougon-Macquart* de ce bon témoignage de souvenir, et je lui demande de me permettre de lui serrer la main en songeant aux anciennes années.

Tout à toi sous l'impulsion des temps écoulés.

Paul Cézanne

Mes confidences

Dans ce jeu de société familier, avec ses réponses brèves et quelquefois brutales, Cézanne livre des sentiments ou des notions artistiques que l'on retrouve développées dans sa correspondance ou ses conversations : l'amitié, la nature, la peinture, la Provence. La date de ces confidences reste controversée.

Ni meubles ni ornements, rien ici ne peut distraire Cézanne de son unique préoccupation : la peinture.

NOM ET PRENOM : Paul Cézanne
LIEU DE NAISSANCE : Aix-en-Provence
LIEU ET DATE DES CONFIDENCES : au second du 30 de la rue Saint-Louis.

1. Q : Quelle est la couleur que vous préférez ?
   R : *L'harmonie générale.*

2. Q : Quelle est votre odeur favorite ?
   R : *L'odeur des champs.*

3. Q : Quelle fleur trouvez-vous la plus belle ?
   R : *Scabieuse.*

4. Q : Quel animal vous est le plus sympathique ?
   R : [sans réponse]

5. Q : Quelle couleur d'yeux et de cheveux préférez-vous ?
   R : [sans réponse]

6. Q : Quelle est, selon vous, la plus estimable vertu ?
   R : *L'amitié.*

7. Q : Quel vice détestez-vous le plus ?
   R : [sans réponse]

8. Q : Quelle est votre occupation préférée ?
   R : *Peindre.*

9. Q : Quel délassement vous est le plus agréable ?
   R : *La natation.*

10. Q : Quel est, selon vous, l'idéal du bonheur terrestre ?
    R : *Avoir une belle formule.*

11. Q : Quel sort vous paraît le plus à plaindre ?
    R : *Etre dénué.*

12. Q : Peut-on vous demander l'âge que vous avez ?
    R : [sans réponse]

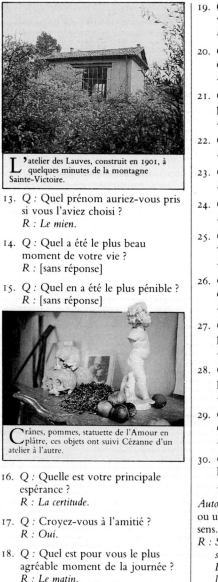

L'atelier des Lauves, construit en 1901, à quelques minutes de la montagne Sainte-Victoire.

13. *Q : Quel prénom auriez-vous pris si vous l'aviez choisi ?*
    R : Le mien.

14. *Q : Quel a été le plus beau moment de votre vie ?*
    R : [sans réponse]

15. *Q : Quel en a été le plus pénible ?*
    R : [sans réponse]

Crânes, pommes, statuette de l'Amour en plâtre, ces objets ont suivi Cézanne d'un atelier à l'autre.

16. *Q : Quelle est votre principale espérance ?*
    R : La certitude.

17. *Q : Croyez-vous à l'amitié ?*
    R : Oui.

18. *Q : Quel est pour vous le plus agréable moment de la journée ?*
    R : Le matin.

19. *Q : Quel personnage historique vous est le plus sympathique ?*
    R : Napoléon.

20. *Q : Quel personnage de roman ou de théâtre ?*
    R : Frenhoffer [sic].

21. *Q : Quel pays habiteriez-vous de préférence ?*
    R : La Provence et Paris.

22. *Q : Quel écrivain préférez-vous ?*
    R : Racine.

23. *Q : Quel peintre ?*
    R : Rubens.

24. *Q : Quel musicien ?*
    R : Weber.

25. *Q : Quelle devise prendriez-vous si vous deviez en avoir une ?*
    R : [sans réponse]

26. *Q : Quel est, selon vous, le chef-d'œuvre de la nature ?*
    R : Sa diversité infinie.

27. *Q : De quel site avez-vous gardé le plus agréable souvenir ?*
    R : Les collines de Saint-Marc.

28. *Q : Quel est votre mets de prédilection ?*
    R : Les pommes de terre à l'huile.

29. *Q : Préférez-vous un coucher dur ou tendre ?*
    R : Entre les deux.

30. *Q : Quel peuple étranger vous est le plus sympathique ?*
    R : Aucun.

Autographe. Ecrivez une de vos pensées ou une citation dont vous approuvez le sens.
R : Seigneur, vous m'avez fait puissant et solitaire.
    Laissez-moi m'endormir du sommeil de la terre.   *(Alfred de Vigny)*

La rencontre impressionniste

Au contact de Pissarro et de ses amis, Cézanne apprend à maîtriser son romantisme exacerbé et découvre le monde de la couleur et de la peinture claire. Mais, très vite, il s'écarte des impressionnistes et de leur monde des apparences. Dès 1874, il écrit à sa mère : « Je commence à me trouver plus fort que tous ceux qui m'entourent. »

La turbulence des passions domptée par la construction colorée

C'est parce qu'il n'arrive pas à intégrer ou qu'il refuse le style des artistes qu'il admire que Cézanne peut montrer dès le début de sa carrière une force qui fait son originalité. Le lent processus d'introduction de la leçon des maîtres inhibe d'abord les moyens d'expression propres des jeunes artistes. Mais seule la sacralisation actuelle de l'art permet de prendre ces tentatives maladroites où s'expriment le pathos et la

Cézanne par Pissarro en 1874.

rhétorique pour des réussites esthétiques.

Dans ce contexte la rencontre avec les Impressionnistes va être déterminante. Il se lie d'amitié avec Pissarro. De dix ans son aîné, cet homme humble et généreux n'effarouche pas Cézanne. Mais alors qu'il le connaît depuis plusieurs années, c'est en 1872 seulement qu'il installe son chevalet à côté du sien. Pissarro et les Impressionnistes à sa suite s'étaient tournés vers la peinture de plein air, l'observation de la nature et avaient découvert un espace non plus fondé sur la géométrie mais organisé par le jeu de la lumière sur les formes qu'elle fragmente. Cette influence permet à Cézanne d'abandonner une recherche de l'expression des passions qui l'amenait à une impasse, elle l'oriente vers l'observation d'un sujet en quelque sorte neutralisé par le travail d'appréhension. Pissarro, en lui apprenant à se soumettre à ses sensations devant la nature, lui ouvre une voie de recherche qu'il poursuivra toute sa vie. Il est exemple de la liberté, oubliant lui aussi ce qui avait été fait avant lui et découvrant un mode de représentation personnel. Il le délivre de l'obsession de la forme dans laquelle il échoue, tant que son tracé est poussé par sa véhémence passionnelle. [...] Lui, qui jusqu'alors travaillait en dilettante, dit en 1871 : « Quand j'ai bien compris Pissarro, l'amour acharné du travail m'a pris. » Cette leçon, il la résume ainsi : « La nature j'ai voulu la copier, je n'arrivais pas, mais j'ai été content de moi lorsque j'ai découvert qu'il fallait la représenter par autre chose... par de la couleur. » Les formes ne naissent plus du contour, la couleur va être à l'origine de la représentation, l'objet va pouvoir renaître des contrastes colorés : « Il n'y a pas de lignes, il n'y a que des contrastes colorés. »

Une première constatation s'impose, c'est l'épanouissement sensoriel atteint grâce à l'éclosion de ses dons d'incomparable coloriste. L'élimination de la turbulence passionnelle permet l'épanouissement de sa sensualité, une manière lumineuse et gaie a remplacé les tons lourds et sombres. La véhémence, qui entraînait une touche rageuse et empâtée, fait place à une technique de travail patient qui construit la toile à partir de la juxtaposition de petites touches colorées.

Michel Antières,
Menace d'objet et saisie du motif,
Topique n° 33

P issarro partant pour le motif, par Cézanne.

Derrière la couleur, la structure des choses

Cézanne étudia donc les effets de la lumière et de l'atmosphère et chercha à les traduire par la couleur. Il apprit que la couleur locale n'existe pas, que les objets se reflètent l'un sur l'autre et que l'air s'interpose entre l'œil et les objets. Ces observations, Cézanne les faisait dans la nature, et les appliquait aussi à ses natures mortes. Les premières natures mortes exécutées à Auvers révèlent encore une certaine influence de Manet et restent dans une gamme sombre : des jaunes et des rouges ternes sur des fonds absolument noirs. Cézanne les a peintes dans l'atelier du docteur Gachet et composées de préférence avec des verres, des bouteilles, des couteaux et autres objets peu colorés. [...] Mais bientôt Cézanne se lassa de la gamme peu étendue de bruns crayeux et de gris qui dominait dans ces compositions, et commença à peindre des fleurs que Mme Gachet lui cueillait dans son jardin. Ces petites toiles ont des coloris étonnamment clairs et vibrants : des bleus, des rouges, des jaunes d'une intensité incomparable. On y sent le plaisir qu'il prit à rendre une telle variété de teintes. [...]

Puis au fur et à mesure que Cézanne poursuivait ces recherches, il s'éloignait de ses amis impressionnistes, car il n'était pas l'impression, l'atmosphère vibrante d'un paysage qu'il cherchait à recréer, mais ses formes et ses couleurs, ses plans et sa lumière. Il n'approuvait pas les efforts de Monet pour rendre les diverses formes et colorations que revêt un même sujet aux différentes heures de la journée, selon les variations d'intensité de la lumière. Il n'approuvait pas non plus les essais de « l'humble et colossal » Camille Pissarro, comme il disait avec admiration, qui, séduit par le « divisionnisme » de Georges Seurat et Paul Signac, essayait d'utiliser la technique pointilliste. [...]

Quant à Auguste Renoir, Cézanne n'aimait pas beaucoup sa technique particulière de paysagiste, qu'il qualifiait de « cotonneuse ». En somme, il devait avoir l'impression que tous ses amis expérimentaient trop, qu'ils ne cherchaient pas derrière l'apparence coloriée la structure même des choses et c'est sans doute à cause de cela qu'il s'était donné la tâche de « faire de l'impressionnisme quelque chose de solide et de durable comme l'art des musées ».

John Rewald
Cézanne,
Paris, 1986, Flammarion

A Auvers-sur-Oise et sa région, Cézanne connaît les années les plus paisibles de son existence grâce à l'amitié de Pissarro, grâce aussi à l'intérêt que lui porte le Dr Gachet, un des plus étonnants amateurs d'art de l'époque. *Cour de ferme à Auvers* (vers 1879).

Dans le jardin du doyen des impressionnistes, en 1873, Cézanne assis et Pissarro debout à droite.

Cézanne s'exprime sur la peinture

Être exposé ou travailler dans le silence ? Très vite, Cézanne choisit de se retirer, de vivre en ermite de la peinture, n'ayant qu'un seul maître et modèle : la nature. On retrouve ce parti exprimé dans sa correspondance.

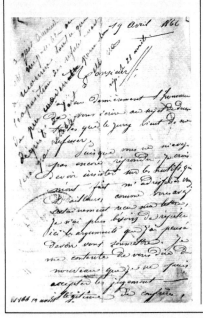

Les œuvres de Cézanne ont presque toujours été refusées dans les salons officiels. Le peintre réclame le jugement du public et non celui des jurys ou des critiques qu'il méprise.

A M. DE NIEUWERKERKE.
Surintendant des Beaux-Arts.

Paris, le 19 avril 1866

Monsieur,

J'ai eu dernièrement l'honneur de vous écrire au sujet de deux toiles que le jury vient de me refuser.

Puisque vous ne m'avez pas encore répondu, je crois devoir insister sur les motifs qui m'ont fait m'adresser à vous. D'ailleurs, comme vous avez certainement reçu ma lettre, je n'ai pas besoin de répéter ici les arguments que j'ai pensé devoir vous soumettre. Je me contente de vous dire de nouveau que je ne puis accepter le jugement illégitime de confrères auxquels je n'ai pas donné moi-même mission de m'apprécier.

Je vous écris donc pour appuyer sur ma demande. Je désire en appeler au public et être exposé quand même. Mon vœu ne me paraît avoir rien d'exorbitant, et, si vous interrogiez tous les peintres qui se trouvent dans ma position, ils vous répondraient tous qu'ils renient le Jury et qu'ils veulent participer d'une façon ou d'une autre à une exposition qui doit être forcément ouverte à tout travailleur sérieux.

Que le Salon des Refusés soit donc rétabli. Dussé-je m'y retrouver seul, je souhaite ardemment que la foule sache au moins que je ne tiens pas plus à être confondu avec ces messieurs du Jury qu'ils ne paraissent désirer être confondus avec moi.

Je compte, Monsieur, que vous voudrez bien ne pas garder le silence. Il me semble que toute lettre convenable mérite une réponse.

Veuillez agréer, je vous prie, l'assurance de mes sentiments les plus distingués.

Paul Cézanne,
22, rue Beautreillis

A OCTAVE MAUS
Organisateur du groupe des XX à Bruxelles

Paris, 27 novembre 1889

Monsieur,

Après avoir pris connaissance de votre flatteuse lettre, je vous remercie d'abord, et je me rends avec plaisir à votre aimable invitation.

Me sera-t-il cependant permis de repousser l'accusation de dédain dont vous me gratifiez relativement à mon refus de prendre part aux expositions de peinture ?

Je vous dirai à ce sujet que les nombreuses études auxquelles je me suis livré ne m'ayant donné que des résultats négatifs, et redoutant des critiques trop justifiées, j'avais résolu de travailler dans le silence, jusqu'au jour où je me serais senti capable de défendre théoriquement le résultat de mes essais.

Devant le plaisir de me trouver en si bonne compagnie, je n'hésite pas à modifier ma résolution et vous prie d'agréer, Monsieur, et mes remerciements et mes confraternelles salutations.

A JOACHIM GASQUET,
Aix, 30 avril 1896

Mais je maudis les Geffroy et les quelques drôles qui, pour faire un article de cinquante francs, ont attiré l'attention du public sur moi. Toute ma vie, j'ai travaillé pour arriver à gagner ma vie, mais je croyais qu'on pouvait faire de la peinture bien faite sans attirer l'attention sur son existence privée. Certes, un artiste désire s'élever intellectuellement le plus possible, mais l'homme doit rester obscur. Le plaisir doit résider dans l'étude. S'il m'avait été donné de réaliser, c'est moi qui serais resté dans mon coin avec les quelques camarades d'atelier avec qui nous allions boire chopine. J'ai encore un brave ami de ce temps-là, eh bien, il n'est pas arrivé, n'empêche pas qu'il est bougrement plus peintre que tous les galvaudeux à médailles et décorations, que c'est à faire suer ; et vous voulez qu'à mon âge je croie encore à quelque chose ?

Un atelier en vue, au temps de la jeunesse de Cézanne, celui de Bouguereau.

Cézanne ne néglige pas la culture artistique mais affirme qu'elle doit être oubliée au profit de l'étude, lente et difficile, de la nature.

A UN JEUNE ARTISTE,
vers 1896

[...] Je suis peut-être venu trop tôt. J'étais le peintre de votre génération plus que de la mienne. [...] Vous êtes jeune, vous avez la vitalité, vous imprimerez à votre art une impulsion que seuls ceux qui ont l'émotion peuvent lui donner. Moi, je me fais vieux. Je n'aurai pas le temps de m'exprimer. [...] Travaillons. [...]

[...] La lecture du modèle, et sa réalisation, est quelquefois très lente à venir.

A CHARLES CAMOIN,
Aix, 13 septembre 1903

Couture disait à ses élèves : *Allez au Louvre.* Mais après avoir vu les grands maîtres qui y reposent, il faut se hâter d'en sortir et vivifier en soi, au contact de la nature, les instincts, les sensations d'art qui résident en nous.

A EMILE BERNARD,
Aix, 15 avril 1904

Permettez-moi de vous répéter ce que je vous disais ici : traitez la nature par le cylindre, la sphère, le cône, le tout mis en perspective, soit que chaque côté d'un objet, d'un plan, se dirige vers un point central. Les lignes parallèles à l'horizon donnent l'étendue, soit une section de la nature ou, si vous aimez mieux, du spectacle que le *Pater Omnipotens Aeterne Deus* étale devant nos yeux. Les lignes perpendiculaires à cet horizon donnent la profondeur. Or, la nature, pour nous hommes, est plus en profondeur qu'en

surface, d'où la nécessité d'introduire dans nos vibrations de lumière, représentées par les rouges et les jaunes, une somme suffisante de bleutés, pour faire sentir l'air.

Je te recommande la netteté de cette photographie
Jean

Le musée Granet à Aix-en-Provence.

Aix, 12 mai 1904

Je procède très lentement, la nature s'offrant à moi très complexe ; et les progrès à faire sont incessants. Il faut bien voir son modèle et sentir très juste ; et encore s'exprimer avec distinction et force. Le goût est le meilleur juge. Il est rare. L'art ne s'adresse qu'à un nombre excessivement restreint d'individus.

L'artiste doit dédaigner l'opinion qui ne repose pas sur l'observation intelligente du caractère. Il doit redouter l'esprit littérateur, qui fait si souvent le peintre s'écarter de sa vraie voie – l'étude concrète de la nature – pour se perdre trop longtemps dans des spéculations intangibles.

Le Louvre est un bon livre à consulter, mais ce ne doit être encore qu'un intermédiaire. L'étude réelle et prodigieuse à entreprendre, c'est la diversité du tableau de la nature.

A SON FILS

Aix, le 8 septembre 1906

Enfin, je te dirai que je deviens, comme peintre, plus lucide devant la nature, mais que chez moi, la réalisation de mes sensations est toujours très pénible. Je ne puis arriver à l'intensité qui se développe à mes sens, je n'ai pas cette magnifique richesse de coloration qui anime la nature. Ici, au bord de la rivière, les motifs se multiplient, le même sujet vu sous un angle différent offre un sujet d'étude du plus puissant intérêt, et si varié que je crois que je pourrais m'occuper pendant des mois sans changer de place en m'inclinant tantôt plus à droite, tantôt plus à gauche.

Je crois les jeunes peintres beaucoup plus intelligents que les autres, les vieux ne peuvent voir en moi qu'un rival désastreux.

Aix, le 26 septembre 1906

Camoin m'a montré une photographie d'après une figure de l'infortuné Emile Bernard, nous sommes d'accord sur ce point que c'est un intellectuel, congestionné par les souvenirs des musées, mais qui ne voit pas assez sur nature, et c'est le grand point, que de sortir de l'école et de toutes les écoles. – Pissarro ne se trompait donc pas, il allait un peu loin cependant, lorsqu'il disait qu'il fallait brûler les nécropoles de l'art. – Décidément on ferait une curieuse ménagerie avec tous les professionnels de l'art et leurs congénères.

Dans *Paysage avec Polyphème*, de Poussin – que Cézanne déclara vouloir « vivifier sur nature » – comme dans les *Sainte-Victoire*, la montagne domine l'homme mais ne l'écrase pas.

Fortune critique

« Essais informes...
Ecœurante pouillerie... Art
impulsif, aphone et dément
comme un sauvage...
Irrémédiable raté... »
Si les peintres ont reconnu
et admiré Cézanne,
les critiques, à quelques
exceptions près, ne l'ont
guère épargné, même après
sa mort.

Dans la *Femme étranglée* on retrouve la composition théâtrale et complexe d'*Une moderne Olympia*, qui épouvanta la critique en 1874.

Première exposition impressionniste, 1874

« Tout à coup, il poussa un grand cri en apercevant la *Maison du Pendu*, de M. Paul Cézanne. Les empâtements prodigieux de ce petit bijou achevèrent l'œuvre commencée par le *Boulevard des Capucines* ; le père Vincent délirait.[...]

Parlez-moi de la *Nouvelle Olympia*, à la bonne heure !

« – Hélas ! allez la voir, celle-là ! Une femme pliée en deux à qui une négresse enlève le dernier voile pour l'offrir dans toute sa laideur aux regards charmés d'un fantoche brun. Vous vous souvenez de l'*Olympia*, de M. Manet ? Et bien, c'était un chef-d'œuvre de dessin, de correction, de fini, comparée à celle de M. Cézanne.

« Enfin le vase déborda. Le cerveau classique du père Vincent, attaqué de trop de côtés à la fois, se détraqua complètement. Il s'arrêta devant le gardien de Paris qui veille sur tous ces trésors et, le prenant pour un portrait, se mit à m'en faire une critique très accentuée.

« – Est-il assez mauvais ? fit-il en haussant les épaules. De face, il a deux yeux... et un nez... et une bouche !... Ce ne sont pas les impressionnistes qui auraient ainsi sacrifié au détail. Avec ce que le peintre a dépensé d'inutilités dans cette figure, Monet eût fait vingt gardiens de Paris !

« – Si vous circuliez un peu, vous, lui dit le « portrait ».

« – Vous l'entendez ! il ne lui manque même pas la parole ! Faut-il que le cuistre qui l'a pignoché ait passé du temps à le faire ! »

L. Leroy, *Charivari*,
25 avril 1874

« Parlerons-nous de M. Cézanne ? De tous les jurys connus, aucun n'a jamais imaginé, même en rêve, la possibilité d'accepter aucune œuvre de ce peintre qui se présentait au Salon, portant ses toiles sur le dos comme Jésus sa croix. Un amour trop exclusif du jaune a compromis jusqu'à maintenant l'avenir de M. Cézanne. »

E. d'Hervilly,
le Rappel, 17 avril 1874

L'artiste le plus attaqué, le plus maltraité depuis quinze ans par la presse et par le public, c'est M. Cézanne. Il n'est pas d'épithète outrageuse qu'on n'accole à son nom, et ses œuvres ont obtenu un succès de fou rire qui dure encore. [...]

M. Cézanne est, dans ses œuvres, un Grec de la belle époque ; ses toiles ont le calme, la sérénité héroïque des peintures et des terres cuites antiques, et les ignorants qui rient devant les « Baigneurs », par exemple, me font l'effet de barbares critiquant le Parthénon.

M. Cézanne est un peintre et un grand peintre. Ceux qui n'ont jamais tenu une brosse ou un crayon ont dit qu'il ne savait pas dessiner, et ils lui ont reproché des « imperfections » qui ne sont qu'un raffinement obtenu par une science énorme.

Je sais bien que, malgré tout, M. Cézanne ne peut pas avoir le succès des peintres à la mode. [...] Cependant la peinture de M.Cézanne a le charme inexprimable de l'Antiquité biblique et grecque, les mouvements des personnages sont simples et grands comme dans les sculptures antiques, les paysages ont une majesté qui s'impose, et ses natures mortes si belles, si exactes dans les rapports des tons, ont quelque chose de solennel dans leur vérité. Dans tous ses tableaux, l'artiste émeut, parce que lui-même reçoit devant la nature une émotion violente que la science transmet à la toile.

G. Rivière,
L'Impressionniste , 14 avril 1877

Salon d'Automne 1904

... Ce qui distingue, à première vue, la peinture de M. Cézanne, c'est la gaucherie du dessin et la lourdeur des coloris. Ses natures mortes, qu'on a beaucoup vantées, sont d'un rendu brutal et d'un effet terne. On a prédit qu'un jour elles iraient au Louvre, tenir compagnie à Chardin. Cet heureux temps n'est pas prochain.

M. Fouquier,
le Journal, 14 octobre *1904*

... Ah ! Cézanne ! Heureux les pauvres d'esprit, car le ciel de l'art est à eux ! Mais, en vérité, corrompus que nous sommes, pourquoi composer, dessiner et peindre ? Pourquoi chercher à *savoir* quand il est si voluptueux de *sentir* ? Pourquoi parler d'éducation, d'instruction, d'érudition, puisque l'art est immédiat, impulsif, aphone et dément comme un sauvage ?

M. Bouyer,
la Revue bleue, 5 novembre 1904

Salon d'Automne 1905

... Que nous veut-on encore avec M. Paul Cézanne ? Est-ce que vraiment sa cause n'est pas entendue ? Est-ce que tous ceux qui ont vu ses œuvres ne le considèrent pas comme un irrémédiable raté ? Tans pis pour les marchands qui ont cru, sur la foi de Zola, qu'il y aurait un beau coup à faire avec ses œuvres. Que M. Vollard en prenne son parti !...

C. Mauclair,
la Lanterne, 19 octobre 1905

... Quand à M. Cézanne, son nom restera attaché à la plus mémorable plaisanterie d'art de ces quinze dernières années. Il a fallu « l'impudence de Cockneys » dont parlait Ruskin pour inventer le « génie » de cet honnête vieillard qui peint en province pour son plaisir et produit des œuvres lourdes, mal bâties, et consciencieusement quelconques, des natures mortes d'une assez belle matière et d'un coloris assez cru, des paysages de plomb, des figures qu'un journaliste qualifiait récemment de « michelangesques » et qui sont tout bonnement les essais informes d'un homme qui n'a pu remplacer le savoir par le bon vouloir.

C. Mauclair,
la Revue, 15 décembre 1905

Salon d'automne 1906 rétrospective Cézanne.

... Nier que Cézanne soit un des plus conscients, un des plus graves, un des plus volontaires des maîtres d'aujourd'hui, c'est nier l'évidence. Le traiter de « maçon ingénu », d'imagier baroque et farouche, qui « voit bossu » devant la nature, n'est plus soutenable. Vraiment la plaisanterie a trop duré. Aussi bien, qui diable songe à nier ses défauts : inégal, heurté, maladroit, des formes qui gauchissent, des fonds qui avancent, des plans qui chavirent, des bonshommes de guingois. Nous le savons. Mais Rubens a-t-il du goût, et Renoir des idées ?

L. Vauxcelles,
Gil Blas, 5 octobre 1906

30 ans après la mort de Cézanne

Il me faut signaler aux optimistes qui pensent que la consécration de Cézanne est une affaire entendue en France et que sa gloire est définitivement installée dans ce pays, l'article que M. Despujols, grand prix de Rome et professeur à l'Académie américaine de Fontainebleau, a publié dans le journal hebdomadaire *Choc* du 3 septembre 1936. Cet article, d'une violence inouïe, dénonce « le scandale Cézanne » et oppose une fois de plus, dans un pathos inconcevable, l'académisme rayonnant, dépositaire de « l'humanisme traditionnel », à « l'écœurante pouillerie du maître d'Aix » ! Il y va, paraît-il, du « salut de l'art français », de dénoncer que le « bluff » Cézanne, monté par un gouvernement des gauches n'a d'autres buts que « l'avilissement artistique de tout un peuple et de tous les peuples ». On croit rêver...

A. Lhote, « Encore Cézanne »,
la Nouvelle Revue française,
1er novembre 1936.

Les paysages, les natures mortes et jusqu'à ces coins de pièces qui servent de fond aux portraits de Cézanne, offrent un étonnant répertoire d'accidents plastiques, scrupuleusement notés par ce fabuliste sans mémoire. Les tables écartelées, les pichets de travers, les bouteilles asymétriques, les bandes de papier peint qui ne se rejoignent jamais de chaque côté de Madame Cézanne, les maisons formant angle obtus avec le terrain descendant, les bleus légers rampant sous la peau des pommes les plus rouges, cent autres phénomènes dérisoires et admirables enchantent le bonhomme rivé à sa tâche interminable d'informateur des mirages familiers.

A. Lhote, « Cézanne et la lenteur »
la Nouvelle Revue française,
1er avril 1939

« C'était un grand et beau garçon portant une longue chevelure châtain foncé et une barbe de même couleur, bouclée naturellement. Son nez légèrement aquilin et ses grands yeux noirs achevaient de lui donner une certaine ressemblance avec les personnages des bas-reliefs assyriens du Louvre. Il n'a pas gardé longtemps cet aspect-là. Quelques années après, le front était dégarni, la barbe et les cheveux étaient taillés plus courts et déjà parsemés de fils gris, mais les yeux avaient gardé leur éclat. Dans les dernières années, sa physionomie avait encore changé. Ceux qui l'ont connu à cette dernière phase de sa vie s'accordent pour le dépeindre sous l'aspect d'un vieil officier retraité. »   Georges Rivière

Hommage et héritage

Dans l'histoire de la peinture, Cézanne est l'un des seuls artistes qui rassemble autant de jugements et d'hommages des plus grands peintres de son temps comme des plus grands de ses successeurs. Cézanne le solitaire est l'un de ceux qui ont orienté l'histoire.

Cézanne en 1904, photographié par Maurice Denis.

Admirateurs et collectionneurs

Ce sont principalement les peintres qui vont provoquer la découverte de Cézanne par un public plus large. Gauguin achète deux tableaux, dont une nature morte à laquelle il tenait tellement qu'il ne voulut, plongé dans la misère, s'en défaire qu'à la dernière extrémité. [...] Compagnon et rival de Gauguin, Émile Bernard écrit dès 1892 un article admiratif sur Cézanne, mais ne devait faire sa connaissance que plus tard. La confiance que le vieux peintre lui témoigna est à l'origine de quelques-unes des lettres les plus doctrinales de Cézanne. Quant à l'intérêt que le critique Gustave Geffroy manifeste pour la personnalité et l'œuvre de Cézanne, il a été suscité par l'intervention amicale de Claude Monet. C'est précisément la nature morte ayant appartenu à Gauguin que Maurice Denis place en évidence au centre de son *Hommage à Cézanne* (1900), substituant au portrait du maître, traditionnel dans ce genre de composition, par exemple chez Fantin-Latour, une *œuvre*, et une œuvre à laquelle l'admiration passionnée que Gauguin lui avait portée ajoutait une valeur supplémentaire. M. Denis devait écrire quelques-uns des textes les plus pénétrants sur Cézanne.

La liste complète des peintres que Maurice Denis a groupés autour du chevalet est d'ailleurs significative. En plus de ce grand isolé que fut Odilon Redon, ce sont les principaux membres du groupe nabi : Bonnard, Vuillard, Sérusier, Ranson, K.X. Roussel, ainsi que Maurice Denis lui-même et sa femme. Renoir et Gauguin sont moralement présents par des tableaux accrochés au mur. Il faut rajouter

Rassemblés autour d'une nature morte ayant appartenu à Gauguin, Maurice Denis, sa femme, Odilon Redon, les peintres nabis Bonnard, Vuillard, Sérusier, Ranson et Roussel, le critique André Mellerio et le marchand de tableaux Ambroise Vollard, rendent un *Hommage à Cézanne*.

Mellerio et A. Vollard, organisateur de la première exposition de Cézanne. Celle-ci fit l'effet d'une bombe dans les milieux de la jeune peinture parisienne (À noter que Cézanne avait été invité dès 1887, par le groupe des XX, à Bruxelles). C'est véritablement à partir de l'exposition chez Ambroise Vollard que les nabis, les fauves (ou plutôt les futurs fauves) et tous les jeunes peintres et sculpteurs indépendants vont le découvrir, et pour la plupart, lui vouer un culte.

Admirateur de Cézanne dès l'âge de dix-huit ans, Signac avait choisi, chez le père Tanguy, trois toiles. Le jeune Matisse doit se priver pour acheter une des plus anciennes versions des *Baigneuses*, qu'il avait vue chez Vollard. Quand Bonnard fit le portrait du marchand, il copia en quelque sorte le tableau de Cézanne en le faisant figurer accroché au mur. Matisse disait de ces *Baigneuses*, qu'il donna au musée du Petit Palais à Paris : « Cette toile m'a soutenu moralement dans les moments critiques de mon aventure d'artiste ; j'y ai puisé ma foi et ma persévérance ». Cézanne est le nom d'artiste qui revient le plus souvent dans les différents écrits de Matisse qui devait, plus tard, acquérir une superbe *Vue de Château-Noir*. Maurice Denis obtient, lui, de Vollard, en paiement de gravures, une autre version plus petite et plus tardive des *Baigneuses*. Le jeune Camoin, ami de Matisse depuis les temps de l'atelier

Gustave Moreau, profite de son service militaire à Aix-en-Provence (1902-1905) pour rencontrer le vieux maître, qui l'accueille avec bienveillance, et avec lequel il continue de correspondre jusqu'à sa mort. [...]

Baigneurs ayant appartenu à Maurice Denis.

Notre père à tous, dira Picasso

C'est surtout à partir de sa mort (1906), que son influence va devenir capitale. C'est le moment où les fauves, inaugurant leur période dite Cézannienne, abandonnent leurs couleurs violentes au profit d'harmonies sourdes, et où ils réduisent les formes naturelles à des tracés de plus en plus géométriques. Certains fauves vont d'ailleurs participer au début du cubisme, qui n'a jamais nié sa dette immense envers Cézanne. [...]

Les cubistes de stricte observance, comme Braque ou Picasso, n'ont guère écrit ; cependant, on peut penser qu'Apollinaire, leur ami, est leur porte-parole lorsqu'il écrit : « Parmi les maîtres de la peinture du XIXᵉ siècle, Paul Cézanne compte pour l'un des plus grands. La plupart des jeunes peintres vouent à son œuvre une prédilection marquée. » (*Paris-Journal*, 20 janvier 1910).

Picasso devait, plus tard, exprimer clairement son admiration ancienne pour Cézanne. Son ami Brassaï note ce propos de 1943 : « Cézanne était mon seul et unique maître ! Vous pensez bien que j'ai regardé ses tableaux... J'ai passé des années à les étudier... Cézanne, il était comme notre père à nous tous. » Quand ses ressources le lui permirent, il acheta trois toiles importantes : une superbe *Vue de Château-Noir*, vers 1930, ensuite une *Vue de l'Estaque*, et à la fin de sa vie des *Baigneuses* (ce thème paraît avoir exercé une véritable fascination sur les artistes collectionneurs de Cézanne. En plus de ceux déjà cités – Denis, Matisse, Picasso – le sculpteur H. Moore a possédé aussi une version des *Baigneuses*). Quant à Juan Gris, il manifeste sa passion pour Cézanne par des copies, qui sont plutôt des interprétations.

Hors de France, la renommée de Cézanne et la connaissance de son œuvre se sont répandues, au moins aussi vite qu'en France.

Michel Hoog,
in *Catalogue de l'exposition Cézanne*.
Madrid, 1984

Trois Baigneuses toile réalisée par Cézanne vers 1879-1882 et achetée par Matisse en 1889.

L'hommage des contemporains...

Paul Gauguin

Croyant tracer le portrait de Cézanne, Gauguin livre son propre portrait : il n'y a pas une seule notation qui ne s'applique à Gauguin lui-même, il suffit de remplacer Virgile par les légendes maories.

Voyez Cézanne l'incompris, la nature essentiellement mystique de l'Orient (son visage ressemble à un ancien du Levant) il affectionne dans la forme un mystère et une tranquillité lourde de l'homme couché pour rêver, sa couleur est grave comme le caractère des Orientaux ; homme du Midi, il passe des journées entières au sommet des montagnes à lire Virgile et à regarder le ciel, aussi ses horizons sont élevés, ses bleus très intenses et le rouge chez lui est d'une vibration étonnante. Comme Virgile qui a plusieurs sens et que l'on peut interpréter à volonté, la littérature de ses tableaux a un sens parabolique à deux fins ; ses fonds sont aussi imaginatifs que réels.

A Schuffenecker,
Copenhague, 14 janvier 1885 [...]

Claude Monet

... C'est entendu pour mercredi.

J'espère que Cézanne sera encore ici et qu'il sera des nôtres, mais il est si singulier, si craintif de voir de nouveaux visages, que j'ai peur qu'il nous fasse défaut, malgré tout le désir qu'il a de vous connaître. Quel malheur que cet homme n'ait pas eu plus d'appui dans son existence ! C'est un véritable artiste et qui en est arrivé à douter de lui par trop. Il a besoin d'être remonté, aussi a-t-il été bien sensible à votre article !

A Geffroy,
23 novembre 1894

Camille Pissarro

Je pensais aussi à l'exposition de Cézanne où il y a des choses exquises, des *Natures mortes* d'un achevé irréprochable, d'autres très travaillées et cependant laissées en plan, encore plus belles que les autres, des *Paysages*, des *Nus*, des *Têtes* inachevées et cependant vraiment grandioses et si peintre, si souples... Pourquoi ?? La sensation y est.

A son fils Lucien,
Paris, 21 novembre 1895

Veux-tu croire que Heymann a le toupet de pousser cette absurdité que Cézanne a été tout le temps influencé par Guillaumin ? Comment veut-on que le profane ne s'y blouse pas ? C'est un comble, et c'est chez Vollard que cela se passait. Vollard en était bleu. Ah bah !, laissons pisser les mérinos, comme on dit à Montfoucault. N'est-ce point amusant, tous ces potins ? Tu ne saurais croire combien j'ai de mal à faire comprendre à certains amateurs, amis des impressionnistes, tout ce qu'il y a de grandes qualités rares dans Cézanne. Je crois qu'il se passera des siècles avant qu'on ne s'en rende compte. Degas et Renoir sont enthousiastes des œuvres de Cézanne. Vollard me montrait un dessin de quelques fruits qu'ils ont tiré au sort pour savoir qui en serait l'heureux possesseur. Degas si passionné des croquis de Cézanne, qu'en dis-tu ? Voyais-je assez juste en 1861, quand moi et Oller nous avons été voir ce curieux Provençal dans l'atelier Suisse où Cézanne faisait des académies à la risée de tous les impuissants de l'école, entre autres ce fameux Jacquet, effondré dans le joli depuis longtemps et dont les œuvres se payaient à prix d'or !!

Amusant comme tout, ce réveil des anciens combats !

A son fils Lucien,
Paris, 4 décembre 1895

... et celui des héritiers

Paul Signac

La touche de Cézanne est le trait d'union entre les modes d'exécution des impressionnistes et des néo-impressionnistes. Le principe – commun, mais appliqué différemment – du mélange optique unit ces trois générations de coloristes qui recherchent les uns et les autres, par des techniques similaires, la lumière, la couleur et l'harmonie.

D'Eugène Delacroix au néo-impressionnisme, 1899

Paul Sérusier

Cézanne a su dépouiller l'art pictural de toutes les moisissures que le temps y avait accumulées. Il a montré que l'imitation n'est qu'un moyen, que le but unique est de disposer sur une surface donnée les lignes et les couleurs, de façon à charmer les yeux, à parler à l'esprit, à créer, enfin, par des moyens purement plastiques, un langage ou plutôt encore, à retrouver le langage universel. On l'accuse de rudesse, de sécheresse ; ce sont les dehors de sa puissance, ces défauts apparents ! Sa pensée est si claire dans son esprit ! Son désir d'exprimer si impérieux ! Qu'une tradition naisse à notre époque – ce que j'ose espérer – c'est de Cézanne qu'elle naîtra. D'autres alors viendront, habiles cuisiniers, accommoder ses restes à des sauces plus modernes ; il aura fourni la moëlle. Il ne s'agit pas d'un art

nouveau, mais d'une résurrection de tous les arts *solides et purs, classiques*.

« Que pensez-vous de Cézanne ? »,
Mercure de France, 1905

Georges Rouault

Ne m'approche pas, ne me touche pas : je porte en moi toute la beauté que le monde ignore ou qu'il méconnaît. Ne m'approche pas, ne me parle pas : les paroles et les gestes sont vains, je suis silencieux, vieux et impuissant, tous mes efforts ont tendu vers la Vérité et la Beauté. Pour cela essentiellement, j'ai été forcé de vivre loin des hommes, il m'a fallu méditer, souffrir pour réaliser ce que je devais faire ici-bas.

Faisant parler Cézanne,
Mercure de France 1910

Paul Klee

J'ai pu voir à la Sécession [de Vienne] huit tableaux de Cézanne. Voilà pour moi le maître par excellence, propre à m'instruire beaucoup plus que Van Gogh.

Journal, 1908

Maurice de Vlaminck

Pour nous Cézanne était un grand bonhomme ; mais, pour une part, le sens de ses recherches nous demeurait mystérieux. Seul le caractère qui se dégageait de ses toiles était indiscutable et il s'y trouvait un incomparable ferment d'excitation.

Gleizes et Metzinger

Cézanne est l'un des plus grands parmi ceux qui orientent l'histoire, et il messied de le comparer à Van Gogh ou à Gauguin. Il évoque Rembrandt. Tel l'auteur des *Pèlerins d'Emmaüs*, négligeant les vains clapotis, il a sondé d'un œil opiniâtre le réel et, s'il n'a pas touché lui-même à ces régions où le réalisme profond insensiblement se change en spiritualisme lumineux, du moins dédia-t-il, à qui veut fermement y atteindre, une méthode simple et prodigieuse. Il nous apprend à dominer le dynamisme universel. Il nous révèle les modifications que s'infligent réciproquement des objets crus inanimés. Par lui, nous savons qu'altérer les colorations d'un corps c'est en altérer la structure. Son œuvre prouve irrécusablement que la peinture n'est pas – ou n'est plus – l'art d'imiter un objet par des lignes et des couleurs, mais de donner une conscience plastique à notre nature.

Du Cubisme, 1912

Copie et interprétation d'un portrait de Mme Cézanne, par Juan Gris en 1916.

André Lhote

Avouons qu'il n'est rien, dans tout ce que l'on tenta durant ces vingt dernières années, qui ne trouve dans Cézanne son point de départ et, encore,

parfois, sa solution anticipée. Ceux qui parmi nous eurent le sens créateur le plus étendu ne firent que souligner les intentions les plus secrètes du maître, et donner plus de liberté à ses gestes dont d'excessives pudeurs restreignirent souvent le jeu.

la Peinture, le cœur et l'esprit, 1920

Maurice Denis

Il y a quelque chose de paradoxal dans la célébrité de Cézanne ; et il n'est guère plus facile de l'expliquer que d'expliquer Cézanne. Le cas Cézanne sépare irrémédiablement en deux camps ceux qui aiment la peinture et ceux qui préfèrent à la peinture elle-même ses agréments accessoires, littéraires ou autres. [...]

Le mystère dont s'est entouré toute sa vie le maître d'Aix-en-Provence n'a pas peu contribué à augmenter l'obscurité des commentaires dont a, d'autre part, bénéficié sa renommée. C'est un timide, un indépendant, un solitaire. Exclusivement occupé de son art, perpétuellement inquiet et le plus souvent mal satisfait de lui-même, il échappa jusqu'à ses dernières années à la curiosité publique. Ceux-là mêmes qui se réclamaient de ses méthodes l'ont pour la plupart ignoré.

A une époque où la sensibilité de l'artiste était tenue presque unanimement pour l'unique raison de l'œuvre d'art, et où l'improvisation – ce « vertige spirituel provenant de l'exaltation des sens » – tendait à détruire en même temps les conventions surannées de l'académisme et les méthodes nécessaires, il arriva que l'art de Cézanne sut garder à la sensibilité son rôle essentiel tout en substituant la réflexion à l'empirisme. Et par exemple, au lieu de la notation chronométrique des phénomènes, il put conserver son émotion du moment, tout en fatiguant presque à l'excès, d'un travail calculé et voulu, ses études d'après nature. Il *composa* ses natures mortes, variant à dessein les lignes et les masses, disposant les draperies selon des rythmes prémédités, évitant les accidents du hasard, cherchant la beauté plastique, mais sans rien perdre du véritable *motif,* de ce motif initial qu'on saisit à nu dans ses ébauches et ses aquarelles, je veux dire cette délicate symphonie de nuances juxtaposées, que son œil découvrait d'abord mais que sa raison venait aussitôt et spontanément appuyer sur le support logique d'une composition, d'un plan, d'une architecture.

Théories, 1920

Kasimir Malevitch

On adresse à Cézanne, un des artistes les plus puissants, et un de ceux qui sentent le plus finement l'élément pictural, des remarques sous la même forme qu'aux impressionnistes. On dit que Cézanne ne possède pas la forme des dessins. Dans le Cézannisme aussi bien que dans l'Impressionnisme, nous rencontrons toujours la même question, la question de la non-correspondance de la forme et de la couleur de la nature et de leur reproduction dans la sensation picturale.

L'œuvre picturale nous montre seulement les indices des objets, qui sont fortement déformés. Cette déformation est considérée par une partie inexpérimentée de la critique comme un défaut qui apparaît à cause de *l'ignorance du dessin et de la peinture.* A cette occasion, toute la critique passe à côté du point de vue principal, à savoir de la *sensation* qui a été la *cause* de tel ou tel *rapport à l'objet.*

En réalité, tout se passe inversement et, dans ce cas, Cézanne apparaît comme un maître magnifique qui exprime les éléments picturaux, les formes à travers la sensation. Le Cézannisme apparaît comme l'une des grandes réalisations de l'histoire de la peinture, précisément à cause de son expression pure de la sensation picturale du monde.

Dans l'histoire de la peinture, nous avons en la personne de Cézanne l'apogée de son évolution.

Il existe un autoportrait de Cézanne, magnifique par l'expression de la sensation picturale. Dans le sens anatomique, l'autoportrait ne coïncide pas avec la réalité, ni par la ligne de la forme, c'est-à-dire l'anatomie, ni par la coloration du visage. Par conséquent, on ne peut pas l'appeler un autoportrait. La forme de la nature et sa reproduction sont différentes, il ne reste que le caractère ou les indices de quelques traits du visage. Exactement de la même façon, il y aura une divergence d'un degré encore plus grand avec le côté des couleurs. Dans le cas présent, le visage est couvert d'une telle masse colorée qu'il est douteux qu'elle puisse correspondre à la réalité et donner la sensation du corps.

« Forme, couleur et sensation »,
in *Architecture contemporaine,* n° 5,
Moscou, 1928

Pierre Bonnard

Cézanne, devant le motif, avait une idée solide de ce qu'il voulait faire, et ne prenait de la nature que ce qui se rapportait à son idée. Il lui arrivait souvent de rester à faire le lézard, de se chauffer au soleil, sans même toucher un pinceau. Il pouvait attendre que les choses redeviennent telles qu'elles entraient dans sa conception. C'était le peintre le plus puissamment armé devant la nature, le plus dur, le plus sincère.

Propos recueillis par Angèle Lamotte, cité dans *Verve*, 1947

Francis Jourdain

Il se méfie même des pièges que lui tend ou pourrait lui tendre la nature. Il la vénère, il l'adore, mais il ne la veut pas aimable ; à ses sortilèges, il oppose la rigueur d'une sévère analyse. Il ne veut connaître d'elle que ce qu'elle a de permanent, d'essentiel. Aussi résiste-t-il aux séductions de la lumière dont les caprices merveilleux font tout à la fois la joie et le tourment de ses camarades impressionnistes. Ce que ceux-ci appellent *l'effet* est trop fugace pour intéresser ce peintre lent et têtu. Il a besoin de réfléchir longuement aux enseignements qu'il tire d'une contemplation longue, elle aussi. La perspicacité de cet observateur méditatif est le contraire de la spontanéité ; il a la virtuosité en horreur, il fuit la virtuosité, il ne compte jamais sur sa chance, c'est-à-dire sur le hasard, il se défend de charmer, il répudie l'agrément. C'est un maître difficile. Difficile à pénétrer et difficile vis-à-vis de lui-même. Son art n'est pas seulement grave, il est sévère et – il faut en convenir – d'une austérité souvent si rébarbative qu'elle suffirait presque à expliquer l'incompréhension dont ce solitaire a été victime. Car le phénomène est assez curieux pour qu'on y insiste – personne ne fut plus méconnu et ne parut plus hermétique que l'artiste dont l'influence allait s'exercer sur l'école française et, de là, sur toute la peinture, avec une force telle, que l'on peut bien parler d'une véritable révolution.

Cézanne, Paris 1950

« Le maître par excellence » P. Klee.

« La vérité en peinture »

L'œuvre de Cézanne ne s'explique ni par sa vie ni par des influences artistiques. C'est la peinture qui a donné un sens à l'existence de cet homme solitaire, doutant de lui, acharné à « réaliser ». Le philosophe Merleau-Ponty retrace l'itinéraire de celui qui a voulu unir l'art et la nature.

Le doute de Cézanne

Il lui fallait cent séances de travail pour une nature morte, cent cinquante séances de pose pour un portrait. Ce que nous appelons son œuvre n'était pour lui que l'essai et l'approche de sa peinture. Il écrit en septembre 1906, âgé de 67 ans, et un mois avant de mourir : « Je me trouve dans un tel état de troubles cérébraux, dans un trouble si grand que j'ai craint, à un moment, que ma faible raison n'y passât... Maintenant il me semble que je vais mieux et que je pense plus juste dans l'orientation de mes études. Arriverai-je au but tant cherché et si longtemps poursuivi ? J'étudie toujours sur nature et il me semble que je fais de lents progrès. » La peinture a été son monde et sa manière d'exister. Il travaille seul, sans élèves, sans admiration de la part

« Chercher l'expression de ce que l'on ressent, organiser les sensations dans une esthétique personnelle. » *Paysage du Midi*, vers 1885.

de sa famille, sans encouragement du côté des jurys. Il peint l'après-midi du jour où sa mère est morte. En 1870, il peint à l'Estaque pendant que les gendarmes le recherchent comme réfractaire. Et pourtant il lui arrive de mettre en doute cette vocation. En vieillissant, il se demande si la nouveauté de sa peinture ne venait pas d'un trouble de ses yeux, si toute sa vie n'a pas été fondée sur un accident de son corps.

Le paradoxe

Sa peinture serait un paradoxe : rechercher la réalité sans quitter la sensation, sans prendre d'autre guide que la nature dans l'impression immédiate, sans cerner les contours, sans encadrer la couleur par le dessin, sans composer la perspective ni le tableau. C'est là ce que Bernard appelle le suicide de Cézanne : il vise la réalité et s'interdit les moyens de l'atteindre. Là se trouverait la raison de ses difficultés et aussi des déformations que l'on trouve chez lui surtout entre 1870 et 1890. Les assiettes ou les coupes posées de profil sur une table devraient être des ellipses, mais les deux sommets de l'ellipse sont grossis et dilatés. La table de travail, dans le portrait de Gustave Geffroy, s'étale dans le bas du tableau contre les lois de la perspective.

En quittant le dessin, Cézanne se serait livré au chaos des sensations. Or les sensations feraient chavirer les objets et suggéreraient constamment des illusions, comme elles le font quelquefois, – par exemple l'illusion d'un mouvement des objets quand nous bougeons la tête, – si le jugement ne redressait sans cesse les apparences. Cézanne aurait, dit Bernard, englouti

« la peinture dans l'ignorance et son esprit dans les ténèbres ».

Unir l'art et la nature, les sens et l'intelligence

Dans ses dialogues avec Emile Bernard, il est manifeste que Cézanne cherche toujours à échapper aux alternatives toutes faites qu'on lui propose, – celle des sens ou de l'intelligence, du peintre qui voit et du peintre qui pense, de la nature et de la composition, du primitivisme et de la tradition. « Il faut se faire une optique », dit-il, mais « j'entends par optique une vision logique, c'est-à-dire sans rien d'absurde ». « S'agit-il de notre nature ? » demande Bernard. Cézanne répond : « Il s'agit des deux. »

– « La nature et l'art ne sont-ils pas différents ? » – « Je voudrais les unir. L'art est une aperception personnelle. Je place cette aperception dans la sensation et je demande à l'intelligence de l'organiser en œuvre. » Mais même ces formules font trop de place aux notions ordinaires de « sensibilité » ou « sensation » et d' « intelligence », c'est pourquoi Cézanne ne pouvait persuader et c'est pourquoi il aimait mieux peindre. Au lieu d'appliquer à son œuvre des dichotomies, qui d'ailleurs appartiennent plus aux traditions d'école qu'aux fondateurs, – philosophes ou peintres, – de ces traditions, il vaudrait mieux être docile au sens propre de sa peinture qui est de les remettre en question. Cézanne n'a pas cru devoir choisir entre la sensation et la pensée, comme entre le chaos et l'ordre. Il ne veut pas séparer les choses fixes qui apparaissent sous notre regard et leur manière fuyante d'apparaître, il veut peindre la matière en train de se donner forme, l'ordre naissant par une organisation spontanée. Il ne met pas la

« Ses tableaux donnent l'impression de la nature à son origine, tandis que les photographies des mêmes paysages suggèrent les travaux des hommes, leurs commodités, leur présence imminente. » *La Montagne Sainte-Victoire et Château-Noir* 1904-1906.

coupure entre « les sens » et l' « intelligence », mais entre l'ordre spontané des choses perçues et l'ordre humain des idées et des sciences. Nous percevons des choses, nous nous entendons sur elles, nous sommes ancrés en elles et c'est sur ce socle de « nature » que nous construisons des sciences. C'est ce monde primordial que Cézanne a voulu peindre, et voilà pourquoi ses tableaux donnent l'impression de la nature à son origine, tandis que les photographies des mêmes paysages suggèrent les travaux des hommes, leurs commodités, leur présence imminente. Cézanne n'a jamais voulu « peindre comme une brute », mais remettre l'intelligence, les idées, les sciences, la perspective, la tradition, au contact du monde naturel qu'elles sont destinées à comprendre, confronter avec la nature, comme il le dit, les sciences « qui sont sorties d'elle ».

Les recherches de Cézanne dans la perspective découvrent par leur fidélité aux phénomènes ce que la psychologie récente devait formuler. La perspective vécue, celle de notre perception, n'est pas la perspective géométrique ou photographique : dans la perception les objets proches paraissent plus petits, les objets éloignés plus grands, qu'ils ne le font sur une photographie, comme on le voit au cinéma quand un train approche et grandit beaucoup plus vite qu'un train réel dans les mêmes conditions. [...]

Le génie de Cézanne est de faire que les déformations perspectives, par l'arrangement d'ensemble du tableau, cessent d'être visibles pour elles-mêmes quand on le regarde globalement, et contribuent seulement, comme elles le font dans la vision naturelle, à donner l'impression d'un ordre naissant, d'un objet en train d'apparaître, en train de s'agglomérer sous nos yeux. De la même façon le contour des objets, conçu comme une ligne qui les cerne, n'appartient pas au monde visible, mais à la géométrie. Si l'on marque d'un trait le contour d'une pomme, on en fait une chose, alors qu'il est la limite idéale vers laquelle les côtés de la pomme fuient en profondeur. Ne marquer aucun contour, ce serait enlever aux objets leur identité. En marquer un seul, ce serait sacrifier la profondeur, c'est-à-dire la dimension qui nous donne la chose, non comme étalée devant nous, mais comme pleine de réserves et comme une réalité inépuisable. C'est pourquoi Cézanne suivra dans une modulation colorée le renflement de l'objet et marquera en traits bleus *plusieurs* contours. Le regard renvoyé de l'un à l'autre saisit un contour naissant entre eux tous comme il le fait dans la perception. Il n'y a rien de moins arbitraire que ces célèbres déformations, – que d'ailleurs Cézanne abandonnera dans sa dernière période, à partir de 1890, quand il ne remplira plus sa toile de couleurs et quittera la facture serrée des natures mortes.

« Quand la couleur est à sa richesse, la forme est à sa plénitude »

Le dessin doit donc résulter de la couleur, si l'on veut que le monde soit rendu dans son épaisseur, car il est une masse sans lacunes, un organisme de couleurs, à travers lesquelles la fuite de la perspective, les contours, les droites, les courbes s'installent comme des lignes de force, le cadre d'espace se constitue en vibrant. « Le dessin et la couleur ne sont plus distincts ; au fur et à mesure que l'on peint, on dessine ; plus la couleur s'harmonise, plus le dessin se précise... Quand la couleur est à sa richesse, la forme est à sa plénitude. » Cézanne ne cherche pas à *suggérer* par la couleur les sensations tactiles qui donneraient la forme et la profondeur. Dans la perception primordiale, ces distinctions du toucher et de la vue sont inconnues. C'est la science du corps humain qui nous apprend ensuite à distinguer nos sens. La chose vécue n'est pas retrouvée ou construite à partir des données des sens, mais s'offre d'emblée comme le centre d'où elles rayonnent. Nous *voyons* la profondeur, le velouté, la mollesse, la dureté des objets, Cézanne disait même : il faut que l'arrangement des couleurs porte en lui ce Tout indivisible ; autrement sa peinture sera une allusion aux choses et ne les donnera pas dans l'unité impérieuse, dans la présence, dans la plénitude insurpassable qui est pour nous tous la définition du réel. C'est pourquoi chaque touche donnée doit satisfaire à une infinité de conditions, c'est pourquoi Cézanne méditait quelquefois pendant une heure avant de la poser, elle doit, comme le dit Bernard, « contenir l'air, la lumière, l'objet, le plan, le caractère, le dessin, le style ». L'expression de ce qui *existe* est une tâche infinie.

Maurice Merleau-Ponty,
Sens et non-sens,
Nagel, 1966

Les pommes de Cézanne

Toute sa vie, Cézanne a peint des pommes. Des significations très diverses ont été données à leur présence répétée dans les tableaux de l'artiste : souvenir de l'amitié avec Zola, rassemblement d'objets pris au hasard dans l'atelier, motif simplifié permettant au peintre de se concentrer sur la technique et sur la forme. L'historien d'art Meyer Schapiro propose ici une interprétation plus psychanalytique.

Cézanne réalise en 1883-1885 le « jugement de Pâris », où un berger amoureux offre une brassée de pommes à une jeune fille. Partant de ce tableau, sans doute inspiré à Cézanne par ses souvenirs de poésie latine, Meyer Schapiro associe pommes et érotisme dans l'œuvre du peintre.

Les pommes de l'amitié

Cézanne pouvait être d'autant plus sensible au thème pastoral classique que, dans sa jeunesse, il avait en effet reçu des pommes comme témoignage d'affection. Plus tard, il lui arriva de rappeler dans la conversation qu'un présent de pommes avait scellé son amitié avec Zola. Lorsqu'il était à l'école à Aix, Cézanne avait témoigné sa sympathie au petit Zola que ses camarades de classe tenaient à l'écart. Lui-même impulsif et rebelle, Cézanne s'était vu infliger une correction pour leur avoir tenu tête et avoir parlé à Zola : « Le lendemain, il m'apporta un gros panier de pommes. « Tiens, les pommes de Cézanne... » fit-il en clignant d'un œil gouailleur, « elles viennent de loin... »

Les pommes de l'amour

La place centrale accordée aux pommes dans un thème d'amour invite à s'interroger sur l'origine affective de sa prédilection pour les pommes dans sa peinture. L'association que l'on observe ici des fruits et de la nudité ne nous permet-elle pas d'interpréter l'intérêt habituel de Cézanne pour la nature morte et, de toute évidence, pour les pommes, comme le « déplacement » (au sens psychanalytique) d'une préoccupation érotique ?

L'idée de rapports entre les pommes et l'imagination sexuelle est plus facile à concevoir si l'on songe à la signification érotique bien connue du fruit dans le

Des pommes associées librement ou inconsciemment au symbole de l'Amour

folklore, la poésie, les mythes, le langage et la religion de l'Occident[...].

Fructus – le mot latin pour fruit – renferme dans son étymologie le verbe *fruor*, qui exprime à l'origine la satisfaction, le plaisir, la joie. Par son aspect séduisant, la beauté de ses couleurs, de sa pulpe et de ses formes, par l'appel aux sens et la promesse de plaisir qu'il suscite, le fruit est l'analogue naturel de la beauté humaine dans sa pleine maturité. [...]

Je veux conquérir Paris avec une pomme

En peignant des pommes il pouvait, grâce à leurs couleurs et à leurs dispositions variées, exprimer un registre d'états d'âme plus étendu, depuis la sévère contemplation jusqu'à la sensualité et l'extase. Sur cette société soigneusement ordonnée, où les choses sont parfaitement soumises, le peintre pouvait projeter les rapports propres aux êtres humains et les qualités du monde visible : la solitude, l'amitié, l'entente, les conflits, la sérénité, l'abondance et le luxe, voire l'exaltation et la jouissance. L'habitude de travailler de cette manière avec des objets de nature morte reflète une attitude bien enracinée et fixée tôt dans son art, avant même que les pommes n'en deviennent un thème majeur. Mais par la remarque sur Paris et sur la pomme, nous devinons la gravité de la concentration particulière de Cézanne sur le fruit qui devait être pour lui l'instrument de sa plénitude. Il ne se contente pas de proclamer qu'il fera triompher son moi effacé et refoulé grâce à d'humbles objets. En reliant son thème favori avec les pommes d'or de la légende, il lui donnait une signification plus grandiose et faisait allusion également à ce rêve d'une sublimation sexuelle dont Freud et ses contemporains pensaient qu'elle constituait un but de l'activité artistique.

Meyer Schapiro,
Style, artiste et société,
Gallimard, Paris, 1982

La montagne Sainte-Victoire

Porteuse de symboles, elle fascine Cézanne et les Aixois. Le peintre s'est identifié à la montagne Sainte-Victoire et se l'est appropriée. Pour tous aujourd'hui, elle a acquis une dimension nouvelle : celle que lui a donnée Cézanne.

Une montagne sacrée ou la revanche de Cézanne

C'est une montagne individualisée, unique, et non pas un site montagneux banal et interchangeable ; Cézanne, tout comme les Impressionnistes et la plupart des peintres de la seconde moitié du XIXᵉ siècle, n'a guère peint de montagnes, *sauf* la Sainte-Victoire. Pour Cézanne, et pour tout Aixois, cette montagne est personnalisée ; porteuse de signification, elle exerce une véritable fascination.

Son nom, d'abord. Si l'étymologie est douteuse, l'appellation renvoie aussitôt au domaine du sacré (la Sainte) et du triomphant... Faut-il insister sur la valeur sacrée donnée à une montagne isolée (Sinaï, Horeb, Thabor, Olympe), valeur bien présente à l'esprit de Cézanne, à la solide culture classique.

Les dernières *Sainte-Victoire*.

Si on excepte les peintres du pittoresque anecdotique, ou ceux qui ont cherché, comme Friedrich, un *effet*, inquiétant ou morbide, les peintres de la montagne « héroïque», comme on dit habituellement, sont peu nombreux. Chez Titien, ou Poussin (*Polyphème*) la montagne domine l'homme, elle ne l'écrase pas : il en est de même dans les panoramas avec Sainte-Victoire des années 1884-1890.

Parler d'héroïsme renvoie à l'idée de la lutte, de combat. D'après le témoignage de Mistral, contemporain de Cézanne, le souvenir de la victoire de Marius sur les Cimbres était encore vivace. C'est une victoire d'une nation cultivée sur des hordes barbares, pour suivre l'historiographie courante. Mais il faut tenter de trouver une signification plus personnelle pour Cézanne.

La montagne Sainte-Victoire, donc, *domine* Aix, selon un cliché de la terminologie des descriptions géographiques. Mais la Sainte-Victoire et le territoire environnant (le topos de Cézanne) où le jeune homme, avec son camarade Zola et d'autres amis s'est souvent promené, est aussi le réservoir d'eau d'où viennent sources et ruisseaux qui alimentent la ville d'Aix. A l'époque de Cézanne, on garde présent à l'esprit le souvenir d'années sèches où l'eau a manqué. Le père de Zola (1795-1847), personnage curieux, peu connu, était l'auteur d'un projet d'adduction d'eau et d'un barrage, finalement réalisé, objet de polémiques et cause de la ruine de la famille Zola. La ville d'Aix, ingrate, n'a pas reconnu les mérites de François Zola ; le fils a subi la misère et les moqueries de ses condisciples, dont son ami Cézanne a tenté de le protéger. De la même façon, la ville d'Aix, la bourgeoisie aixoise

A jamais dressée sur la plaine d'Aix, la croix de la Sainte-Victoire.

multiplient les vexations contre Cézanne dont elles ne reconnaissent ni le sérieux de son travail d'artiste, ni même la position sociale. Dans d'autres villes de province, à la fin du XIXᵉ siècle, un homme disposant d'une réelle aisance, bachelier, frotté de droit, et catholique pratiquant, aurait été admis dans la bonne société, ou au moins respecté et considéré. Il est possible qu'Aix soit à cet égard une ville atypique, où les anciens clivages sociaux sont plus marqués qu'ailleurs. Il subsiste alors à Aix une société aristocratique issue des vieilles familles parlementaires, et chez qui un homme comme Cézanne, fils d'un chapelier enrichi dans la banque et dans l'usure, disait-on, n'est pas reçu.

Quant au conflit de Cézanne avec son père, les épisodes en sont bien connus. Le conflit s'apaise précisément en 1885 ; Cézanne se marie, régularisant une situation peu conforme aux normes bourgeoises, puis son père meurt. Le traumatisme né du conflit avec le père a sûrement marqué Cézanne durablement. Les témoignages ne manquent pas sur la personnalité du père de Cézanne, personnage autoritaire qui a toujours considéré son fils comme un raté, comme un parasite, comme un « artiste » qui n'a pas réussi ; c'est-à-dire comme un homme qui, dans les perspectives de l'époque, est sans statut social. On n'a jamais signalé le parallélisme de la situation de Cézanne avec celle du héros de *Sapho* de Daudet, autre provençal ; l'on y retrouve le fils de famille venu à Paris, et qui a un enfant clandestin. *Sapho* paraît en 1886, précisément.

La montagne Sainte-Victoire qu'il s'est, enfant, appropriée, avec Zola, Cézanne, vivant à Aix de façon plus régulière à partir de 1884, va en quelque sorte s'identifier à elle.

Cézanne, tel le Polyphème de Poussin, domine Aix et les Aixois, du haut de sa montagne victorieuse des barbares, et Zola devient le témoin de sa victoire.

Michel Hoog
in *Cézanne ou la peinture en jeu*,
Musée d'Aix, 1982

Voir la montagne au naturel

La Sainte-Victoire n'est pas le point culminant de la Provence mais, à ce qu'on dit, le plus escarpé. Elle n'est pas faite d'un seul sommet mais d'une longue chaîne dont la crête dessine une ligne à peu près droite, à une hauteur constante d'environ mille mètres. Elle n'a l'air d'un sommet escarpé que vue d'en bas, du bassin d'Aix qui, à une demi-journée de marche, est situé assez exactement à l'ouest : ce qui vu de là apparaît comme le sommet proprement dit n'est que le début de la crête qui se prolonge vers l'est sur la

Ｓur les traces du motif de Cézanne.

distance d'une autre demi-journée de marche.

Cette chaîne, qui s'élève vers le nord en pente douce et retombe presque verticalement en plateau vers le sud, est un puissant plissement calcaire dont l'arête est l'axe longitudinal supérieur. Vues de l'ouest, ces trois pointes prennent quelque chose de dramatique, car elles figurent en quelque sorte une vue en coupe de l'ensemble du massif et de ses divers plissements, au point que quelqu'un qui ne saurait rien de cette montagne en devinerait la genèse, sans même le vouloir, et y verrait quelque chose d'exceptionnel.

Autour de ce bloc vertigineusement dressé dans le ciel, il y en a beaucoup d'autres plus aplatis que les cassures ont détachés les uns des autres et que l'on peut distinguer par les changements de couleur de la roche et du dessin de la pierre ; plissés eux aussi aux endroits où ils avaient été compressés latéralement et prolongeant ainsi dans la plaine, en modèle réduit, la forme de la montagne.

L'étonnant et l'étrange dans la Sainte-Victoire, ce sont surtout la clarté et l'éclat dolomitique du calcaire, « un rocher de la qualité la meilleure », comme le dit une brochure pour alpinistes. Il n'y a pas de route. La montagne tout entière et même le flanc nord peu incliné sont dépourvus de tout chemin carrossable et de toute maison habitée (sur la crête se trouve encore un prieuré abandonné du XVIIᵉ siècle). Le flanc n'est accessible qu'aux alpinistes ; mais par tous les autres côtés on monte sans difficulté et on peut continuer encore longtemps sur la crête. Même depuis le village le plus proche, c'est une entreprise d'une journée entière.

Oui, lorsque ce jour de juillet j'allais, en direction de l'est, sur la route Paul Cézanne, à peine avais-je quitté Aix, je me mis à jouer avec l'idée de donner des conseils de voyage à une foule d'inconnus (et pourtant je n'étais que l'un de ceux qui après beaucoup d'autres avaient suivi ce chemin depuis le début du siècle).

« La clarté et l'éclat dolomitique du calcaire ».

Voir la montagne au naturel, c'était resté longtemps un jeu. Que l'objet, motif chéri d'un peintre fût déjà en soi quelque chose de particulier n'était-ce pas une idée fixe ? – Ce n'est que le jour où cette idée avec laquelle je jouais envahit brusquement l'imaginaire que la résolution, tout à coup, se trouva prise (accompagnée aussitôt d'une sensation de plaisir) : oui, je vais voir la Sainte-Victoire de près ! Et c'est ainsi que j'allai non tant sur la trace des motifs de Cézanne, je savais, au demeurant, que la plupart d'entre eux sont dénaturés par les constructions, mais je suivais bien plutôt mon sentiment : c'était la montagne qui m'attirait comme rien encore dans ma vie ne m'avait attiré.

Peter Handke,
la Leçon de la Sainte-Victoire, Gallimard

BIBLIOGRAPHIE

Catalogues de l'œuvre

Venturi Lionello, *Cézanne, son art, son œuvre*, 2 vol., Paris, Paul Rosenberg, 1936, repris en petit format dans : Picon Gaëtan et Orienti Sandra, *Tout l'œuvre peint de Cézanne*, Paris, Flammarion, 1975 (une refonte complète par John Rewald est en préparation).

Rewald John, *les Aquarelles de Cézanne*, Paris, A.M.G., 1984.

Chappuis Adrien, *The Drawings of Paul Cézanne, a Catalogue raisonné*, Greenwich, Conn., et Londres, New York Graphic Society-Thames and Hudson, 1973.

Cherpin Jean, *l'Œuvre gravé de Cézanne*, Marseille, Arts et livres de Provence n° 82, 1972.

Textes de Cézanne

Cézanne Paul, *Correspondance*, recueillie, annotée et préfacée par John Rewald, Paris, Grasset, 1978.

Doran P.-Michael, *Conversations avec Cézanne, Émile Bernard, Jules Borély, Maurice Denis, Joachim Gasquet, etc.*, édition critique présentée par P.-M. Doran, Paris, Macula, 1978.

Principales études d'ensemble

Badt Kurt, *Die Kunst Cézannes*, Munich, Prestel Verlag, 1956.

Barnes Albert C. et de Mazia Violette, *The Art of Cézanne* New York, Harcourt Brace and Co, 1939.

Dorival Bernard, *Cézanne*, Paris, Tisné, 1948.

Hoog Michel, *l'Univers de Cézanne*, Paris, Henri Scrépel, 1971.

Huyghe René, *Cézanne*, Paris, Plon, 1936.

Levêque Jean-Jacques, *Paul Cézanne*, Courbevoie, ACR, 1988.

Meyer Schapiro, *P, Cézanne*, Paris, N.R.F., s.d.

Rewald John, *Cézanne, sa vie, son œuvre, son amitié pour Zola*, Paris, Albin Michel, 1939 ; *Paul Cézanne, carnets de dessins*, préface et notice de Rewald, 2 vol., Paris, Quatre Chemins - Editart, 1951 ; *Cézanne*, Paris, Flammarion, 1986.

Venturi Lionello, *Cézanne*, Genève, Skira, 1978.

Sur des points précis

Actes du Colloque d'Aix-en-Provence — juin 1982, *Cézanne ou la peinture en jeu*, Limoges, Criterion, 1982.

Berthold Gertrude, *Cézanne und die alten Meister*, Stuttgart, W. Kohlhammer, 1958.

Brion-Guerry Liliane, *Cézanne et l'expression de l'espace*, Paris, Flammarion, 1950 ; nouvelle édition : Albin Michel, 1966.

Loran Erle, *Cézanne's Composition*, Berkeley, University of California Press, 1946.

Meyer Schapiro, « Les pommes de Cézanne », in *Style, artiste et société*, Paris, Gallimard, 1982.

Catalogues d'expositions

1936 *Cézanne*, Paris, Musée de l'Orangerie.

1954 *Cézanne's Paintings*, Edimbourg et Londres, The Tate Gallery.

1974 *Cézanne dans les musées nationaux*, Paris, Musée de l'Orangerie.

1977-1978 *Cézanne, les dernières années* (1895-1906), New York, Museum of Modern Art ; Houston, Museum of Fine Arts ; Paris, Galeries nationales du Grand Palais.

MUSÉOGRAPHIE

Principales collections de peintures de Cézanne

Fondation Barnes, Merion, Pennsylvanie (53 tableaux).

Musée d'Orsay, Paris (37 tableaux).

National Gallery, Washington, (17 tableaux).

Metropolitan Museum, New York (16 tableaux).

Musée des Beaux-Arts Pouchkine, Moscou, (15 tableaux).

Musée de l'Orangerie, Paris (14 tableaux).

Museum of Arts, Philadelphie (12 tableaux).

Musée de l'Ermitage, Leningrad (12 tableaux).

TABLE DES ILLUSTRATIONS

TÉMOIGNAGES ET DOCUMENTS

INDEX

A

CRÉDITS PHOTOGRAPHIQUES

Agraci, Paris 97h. Allbright-Knox Art Gallery, Buffalo 51b. Art Institute, Chicago 52, 111hd, 161. Artephot 149. Artephot/Babey 36, 122b. Artephot/Bridgeman Art Library 34, 45, 85, 90bd, 91b2, 94, 98g, 98d, 111h, 120/121. Artephot/Faillet 22bg, 97b. Artephot/Trela 21b, 45d, 141. Artephot/Cercle d'Art 86. Artephot/Hinz Colorphoto 90. Artephot/Held 41, 60, 90bm, 91b2, 105, 106, 125h, 125b. Artephot/J. Martin 46/47. Artephot/Nimatallah 65, 86b, 136/137.Barnes Foundation, Merion 99h, 117h. Bibliothèque nationale, Paris 18, 24d, 47b, 130h, 131, 135, 143, 157. Brouchian F., Aix-en-Provence 50. Bulloz, Paris 19g, 19d. 152b. Collection Thyssen-Bornemisza, Lugano 123. Colombus Museum of Art, Ohio, 50b. Courtauld Institute, Londres 100h, 162, 163. Dagli Orti, Paris 26/27. DR 33hg, 36/37, 101, 130b, 160. Edimedia, Paris 56, 68/69, 89hd, 102/103. Fitzwilliam Museum, Cambridge 67. Fogg Art Museum, Cambridge 42, 43. Galerie Bernheim Jeune, Paris 129. Galerie Louise Leiris, Paris 155. Galerie Schmidt, Paris 158. Giraudon, Paris 90bg, 91h1, 145. Harlingue-Viollet, Paris 21. Harvard University Art Museum, Cambridge 74/75, 77. Metropolitan Museum of Art, New York 14d, 88, 99b. Heald David 46. Henry Ely, Aix-en-Provence 87, 96/97. Josse, Paris 79. Kunsthaus, Bâle 55, 76/77, 77, 78/79, 89, 92b, 117b. Lauros/Giraudon 104h, 118/119, 124, 138. Memorial Art Gallery, Rochester 55. Museum Boymans-van Benningen, Rotterdam 44m, 65b. Museum of Art, Baltimore 4e couv. Museum of Art, Philadelphie 66. Museum of Fine Art, Boston 40, 128. Museum of Modern Art, New York 108/109, 111b. Musée Calvet, Avignon 21m. Musée Bridgetone, Tokyo 160d. Musée de Bâle 60/61. National Gallery, Washington 122h. National Museum and Galleries on Meyerside, Walker Art Gallery, Liverpool, 25. Nationalmuseum, Stockholm 103. National Museum of Wales, Cardiff 16b. Paul Getty Museum, Malibu 23. Philadelphia Museum of Art 125m. Réunion des Musées Nationaux, Paris couv., 1, 2/3, 4/5, 6/7, 8/9, 11, 12, 22h, 24g, 27b, 29, 30, 31, 32d, 33hd, 44g, 45m, 48, 49h, 49bg, 49bd, 53h, 53b, 57, 58/59, 61m, 61d, 62, 63, 64, 66, 70, 71, 72/73, 80/81, 82, 83, 89, 89b, 92h, 93, 95, 98, 100b, 102g, 102d, 104b, 110, 139, 140, 146, 151, 152h, 164. Saint Louis Art Museum, Saint Louis, 14g. Scala, Florence, 38, 39, 112/113, 114/115, 126/127. Sipa Icono 106/107. Sirot-Angel, Paris 78, 116, 133, 135, 150, 166, 167, 175. Terlay B., Aix-en-Provence 15, 20, 144, 165.

REMERCIEMENTS

L'auteur tient à remercier particulièrement Mme Sylvie Maignan pour son aide et ses conseils. Les éditions Gallimard remercient les éditions Flammarion, les éditions Macula, les éditions Nagel, les éditions de la Réunion des musées nationaux et le musée Granet d'Aix-en-Provence.

COLLABORATEURS EXTÉRIEURS

Michèle Decré-Cyssau a été responsable de la rédaction et de la coordination de cet ouvrage. Christine de Bissy en a assuré la recherche iconographique et Catherine Leplat la lecture-révision.